イスラーム／ムスリムをどう教えるか

ステレオタイプからの脱却を目指す異文化理解

荒井正剛／小林春夫
〈編著〉

明石書店

はじめに

イスラームは，日本では身近に感じられないこともあってか，また，イスラーム過激派によるテロ行為が報道されて，世間では怖い，理解しがたいなどといった否定的な受け止めが一般的である。

その一方で，インバウンド観光推進政策により，経済成長著しい東南アジアからのムスリム観光客が増え，にわかにハラール・ビジネスが成長している。また，バブル期に来日してから住み続けているムスリム（イスラーム教徒）も多く，今や第二世代が成人する時期を迎えている。

最近，イスラームに関する一般向けの図書が刊行されるようになってきた。学校教育でも，学習指導要領が宗教への理解を強調するなど，国際理解や異文化理解は，学校教育における重要な課題となっている。しかし，たとえば日本社会科教育学会などの教育学会におけるイスラームに関する学習についての研究発表は乏しい。それは関心がないことを示しているのではない。心ある教師は，何をどう教えたらよいか，困っているのである。

そこで，2015年度より，社会科教育学の荒井とイスラーム学の小林の呼びかけで，東京学芸大学特別開発研究プロジェクトを立ち上げた。まず，教科書における取扱いの考察，生徒のイスラームについての知識と意識の調査，都内のモスク訪問とムスリムへの聞き取りなどを通して，課題を整理した。それらを踏まえて教材開発を行い，授業を実践して生徒の反応を分析，考察した。

4年間の研究においては，イスラームそのものの理解を深めるというよりも，「イスラーム特殊論」を打破すること，つまり一方的な障壁を除去し，差異と共通性の両面から「隣人として付き合い語り合うこと」，対話的理解を促進する授業，イスラーム＝異質，怖い，扱いにくいなどの偏見や思い込みを超えて，多面的・対話的な理解を促す授業の提案を目指した。

本書は3部で構成される。第Ⅰ部では，社会科授業におけるイスラームに関する学習の課題について，生徒のイスラームについての知識と意識の実態，知識と意識の関係，教科書記述の特色と課題を整理した。さらに，エジプト人学生に対するアンケート調査を通して，ムスリムたちのイスラーム認識をとらえ，今日の社会における課題を整理した。

第Ⅱ部では実践した授業について考察している。最初に新学習指導要領におけるイスラームに関する学習を総覧し，各実践を位置付けている。以下，各実践について，授業実践の内容と生徒の反応を通した考察を述べている。高等学校については，現代社会の時間に地理，世界史，倫理と連携したコラボレーションという，複数科目の教員による実践も行っている。科目ごとに専門的な授業を行っている高等学校で，専門的な科目間連携によって生徒の学習の深化をねらっている。

それらの実践を踏まえて，第Ⅲ部では，社会科教育学の立場から，イスラームやムスリムの理解はもちろん，異文化理解や多文化共生を目指す教育に必要なことなどについて述べている。

このほか，イスラーム世界各地の訪問から学んだこと，さらにムスリム観光やムスリム留学生の語り，イスラーム理解のための書籍等を，それぞれコラムとして掲載している。なお，プロジェクト・メンバーに加えて，編者の荒井が参加したボルネオ巡検の報告書に執筆された佐々木氏にも投稿していただいた。さらに，メンバーの一人である日高を通して，イスラーム史を専攻された世界史の教員である廣川氏に，指導された高校生の研究レポートを取り上げていただき，トピックとして掲載した。高校生がイスラーム研究者の講演を聞いたり，様々なムスリムと出会ったりしたフィールド研究は，授業構想の上でも示唆に富む。

本書は中学校・高等学校での授業実践を集めたものであるが，学校教育に限らず社会教育の場などにおいても，イスラーム，ムスリムの人々の理解や共生を促すにはどうしたらよいか，その学びの在り方について参考になるところがあるのではないかと思っている。学校の社会科教師はもちろん，国際理解教育や異文化理解教育の関係者，各地の国際交流団体などの国際交流に関わっておられる方々にも，ぜひお読みいただきたい。

本書が，イスラーム／ムスリム理解，広く異文化理解のために資すれば幸甚である。

本書における用語法について付言する。「イスラム教」，「コーラン」，「イスラム国」などの表記は学校現場を含めてまだ広く用いられているが，それぞれ「イスラーム」，「クルアーン」，「IS」に統一した。「イスラーム」を用いる理由は，狭義の宗教にとどまらず，社会・文化・生活などを含む社会的事象としてイスラームについて考えることを本書のねらいとしたためである。「イスラム国」については，それはイスラーム的正統性を主張する組織ではあるが，ムスリムの大多数がそうした主張を受け入れておらず，むしろイスラームの精神に真っ向から反する組織であると考えていることから，自称「イスラム国」の意味をこめて「IS」とした。「コーラン」について言えば，「マホメット」などと同様，欧米由来の訛音であり，イスラーム理解の手始めとして原音に近い表記を採用したにすぎない。ただし，授業実践における生徒の文章や，他の文献からの引用においては，原文の表記をそのまま用いている。

イスラーム／ムスリムをどう教えるか
―ステレオタイプからの脱却を目指す異文化理解―

目　次

第Ⅰ部
現状と課題

「人を殺したとか，地上に悪を振りまいたとかの理由なしに，一人の命を奪うものは全人類の命を奪ったのである。また一人の命を救うものは全人類の命を救ったのである。」

（クルアーン第５章第32節）

＊クルアーンは，いわれなく人を殺すことの罪深さ，生命のかけがえのなさを強調している。

第1章

社会科の授業における課題

――生徒・学生のイスラーム認識・イメージ調査と教科書記述から――

荒井正剛

1. 中学生・高校生のイスラームについての知識と意識

1-1 際立つイスラームへの否定的イメージ

高校生の三大宗教に対するイメージに違いがあるか調べるため，松本（2006）に倣って，2016年度，東京学芸大学附属高等学校1年生1学級40名と同附属国際中等教育学校6年生地理B履修者23名，計63名に調査した。図1-1は，図中の各項目について，三大宗教のそれぞれについてそう思うと答えた生徒の比率を示している。イスラームに対するイメージが，ほかの2つの宗教に対するそれと非常に違うことがわかる。中でも突出しているのが「攻撃的で怖い」，「得体が知れない」，「砂漠の宗教」，「ひげを生やす」で，このほか，「教えを厳格に守る」，「異質な考えを認めない」，「結束力が強い」，「奇妙な習慣を持つ」，「不自由」もかなり高く，全体的に否定的なイメージが突出して高い。

宗教に関する情報は，図1-1の下方にあるように，信者による事件や犯罪をはじめマス・メディアから得ていることが推察される。

調査時点の2年前の2014年には，邦人人質事件があり，そのほかのイスラーム過激派の事件が頻発したため，イスラームは怖い，得体が知れないというイメージが自然と形成されていると言える。

このように，イスラームに対するステレオタイプや誤解が顕著に見られる。高校1年生は中学校の地理的分野で宗教と人びとの生活との関わりについて，簡単ではあるが学習しているはずである。学校での学習が問われざるを得まい。

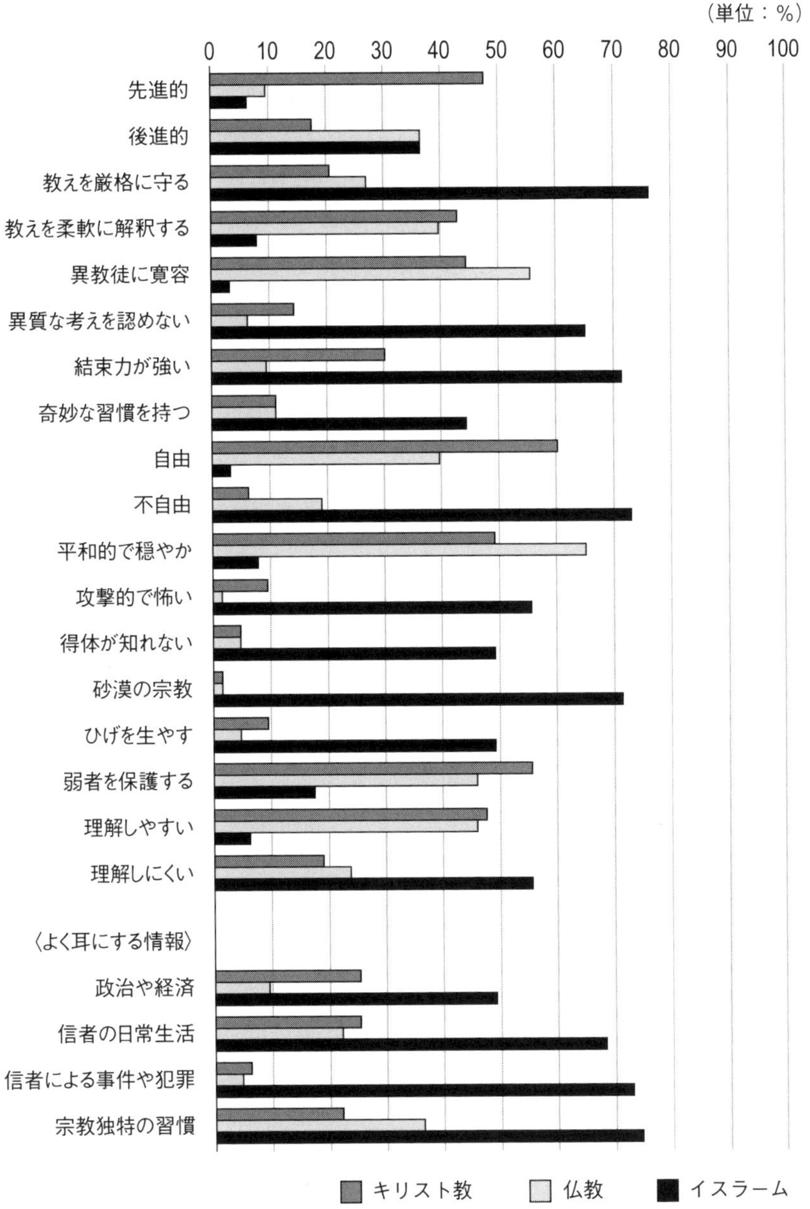

図1-1　高校生の宗教別イメージと入手情報

附属高校生：2016年，本学附属高等学校40名と同附属国際中等教育学校23名，計63名。

1-2　知識とイメージの関係

松本（2006）は，創始者，聖典，聖地の3つの名前を正しく答えられた生徒の方がそうでない生徒よりも否定的イメージが強い傾向があると分析している。そこで，実施時期が1年違うが，都内同一区にある公立中学校生と本学附属中学校生を比較してみた。附属生の方が，知識を有している割合は高いが，イメージについては否定的な傾向がより強いと言える（表1-1）。知識のうち，信者の大半がアラブ人だと間違えている生徒は附属生の方が高いことも注目される。しかし，「平和的で穏やか」，「弱い人を助ける」という肯定的なイメージを持っている生徒は附属の方が比較的高いことは注目される。

表1-1　中学校1年生のイスラームに関する知識・イメージ

（上段：知識：正答率%，下段：イメージ：回答率%）

		公立A校	附属B校
知識	創始者の名前	38．4	45．0
	聖典の名前	11．1	22．5
	聖地の名前	11．1	53．1
	断食する月がある（○）	67．7	88．8
	豚肉を食べない（○）	77．8	87．5
	信者の大半はアラブ人である（×）	35．4	22．6
イメージ	遅れている	31．3	46．9
	教えを厳しく守る	82．8	91．9
	不自由	60．6	75．0
	さばくの宗教	44．4	55．0
	ひげを生やしている	38．4	53．1
	平和的で穏やか	6．1	16．3
	弱い人を助ける	6．1	18．1
	理解しにくい	54．5	83．1

＊A校は2016年に171名，B校は2017年に160名に対して調査した。同一区の学校。

高校生のイスラームに対するイメージについて，松本（2018）の主として公立高校生を対象にした調査と本学での調査を比較すると（図1-2），附属生の方が全体的に固定的・否定的イメージが強い。特に「後進的」，「不自由」，「ひげを生やす」，「異質な考えを認めない」，「得体が知れない」についての回答率が

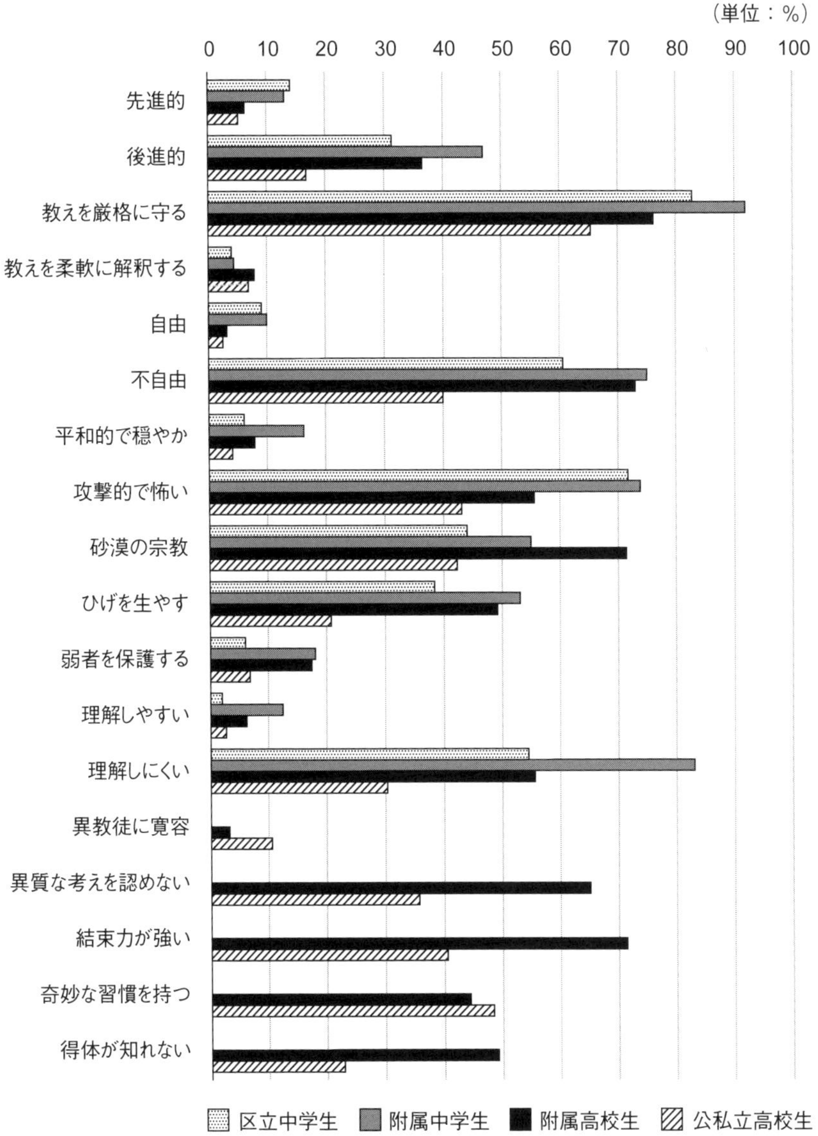

図1-2　中学生・高校生のイスラームに対するイメージの比較

＜調査時・調査対象＞
区立中学生：2016年，171名。附属中学生：2017年，160名。（都内同一区の学校）
附属高校生：2016年，本学附属高等学校40名と同附属国際中等教育学校23名，計63名。
公私立高校生：2017～18年，東京都，神奈川県，千葉県の公私立計9校1000名。（松本，2018）

公立高校生の2倍前後,「砂漠の宗教」,「理解しにくい」,「結束力が強い」は,同1.5倍以上の回答率に達している。その一方，全体としての回答率は低いが,「平和的で穏やか」,「弱者を保護する」という肯定的イメージの割合については，公立校生の2倍以上の回答率で，中学生と共通の傾向が見られる。附属生には多様な情報を得ている生徒がいると推察される。マス・メディアがテロ事件などを報じる一方で，イスラームの教えやムスリムの生活について取り上げた番組も制作されるようになり，そうした情報に接した生徒のなかには，イスラームに対する理解が進んだ生徒もいると推察できる。

2. 中学生のムスリムの生活についての写真に関するイメージ

地理的分野「人々の生活と環境」を学習済みの附属中学校1年生39名に，ムスリムのくらしについて思い出す写真を2枚描いてもらった。約7割の生徒が集団礼拝のようすを，3割強の生徒は女性が肌を露わにしないことをそれぞれ描いた。このほか，過激派の戦闘行為も，男子を中心に多く描かれた。

教科書でも全社が集団礼拝と女性の服装を掲載していて，ムスリムの礼拝と女性の服装は生徒に定着している。こうした写真は生徒のステレオタイプをより強固にすることはあっても，それに揺さぶりをかけることはなかろう。

しかし，教科書には工夫も見られる。K社はアフガニスタン，インドネシア,トルコ，エジプトの女性の服装の写真を掲載して,「ジーンズをはいている人もいるね。」という吹き出しも付けている。そこで，この写真を見て，思ったことを新たに尋ねたところ，有効回答103名のうち4割強の生徒は肌を隠していることのみ回答した。4枚の写真の共通点を答えたとも言えるが，女性は肌を露わにしないという既習事項を写真で確認しただけとも言える。教科書が意図したと思われる地域的多様性を答えた生徒は，女子を中心に1割5分程度に止まった。ほかにカラフルさに着目した生徒が2割弱いた程度であった。

表情に注目した回答も散見された。楽しそう，仲がよさそうという回答が約1割,「イスラームは怖いというイメージとは違う」といった回答も3名あった。その一方で,「笑顔の裏に自爆する人がいると思うと怖い」,「平和そうに見えるが影の指導者がいる」,「貧しい」という回答があった（全員男子）。いずれも，この質問の前に尋ねたムスリムのくらしについて思い出す写真として，過激派グループを挙げている。否定的イメージの強い生徒は，他の生徒が肯定的にとらえる写真に対しても否定的イメージでしかとらえられない恐れがある。

3. ムスリムの分布に関する知識の貧困

ムスリムが最も多い地域を，西アジア・北アフリカ，西アジアを除くアジア，ヨーロッパ，南アメリカの４択で本学附属の高校生に尋ねたところ，正答はわずかに6.3％という悲惨な結果であった（図1-3）。また，図1-3の各国でムスリムが国民の半数を占めるか否か尋ねた正答率で，インドネシアやエジプトの正答率が低い。東南アジア・南アジアにムスリムが多くいるという認識は極めて乏しいことがわかった。

中高社会科教員免許の取得に必要な講義を受講した東京学芸大学の学生でも，ムスリムが１億人以上いる国の有無について「なし」と答えた学生が過半数を占め，インドネシアを挙げられた学生が28.7％，インド20.4％，バングラデシュ4.6％，パキスタン0.9％に止まった（図1-4）。彼らの知識やイメージも高校生と同様の結果であった（図1-4）（荒井2016）。

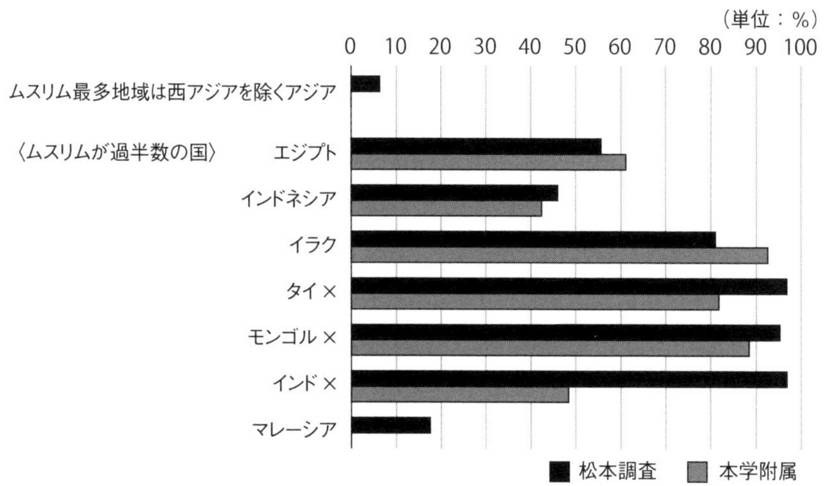

図1-3　高校生のムスリムの分布についての認識
（調査年・対象者は図1-2と同じ。最多地域とマレーシアは本学附属のみで実施）

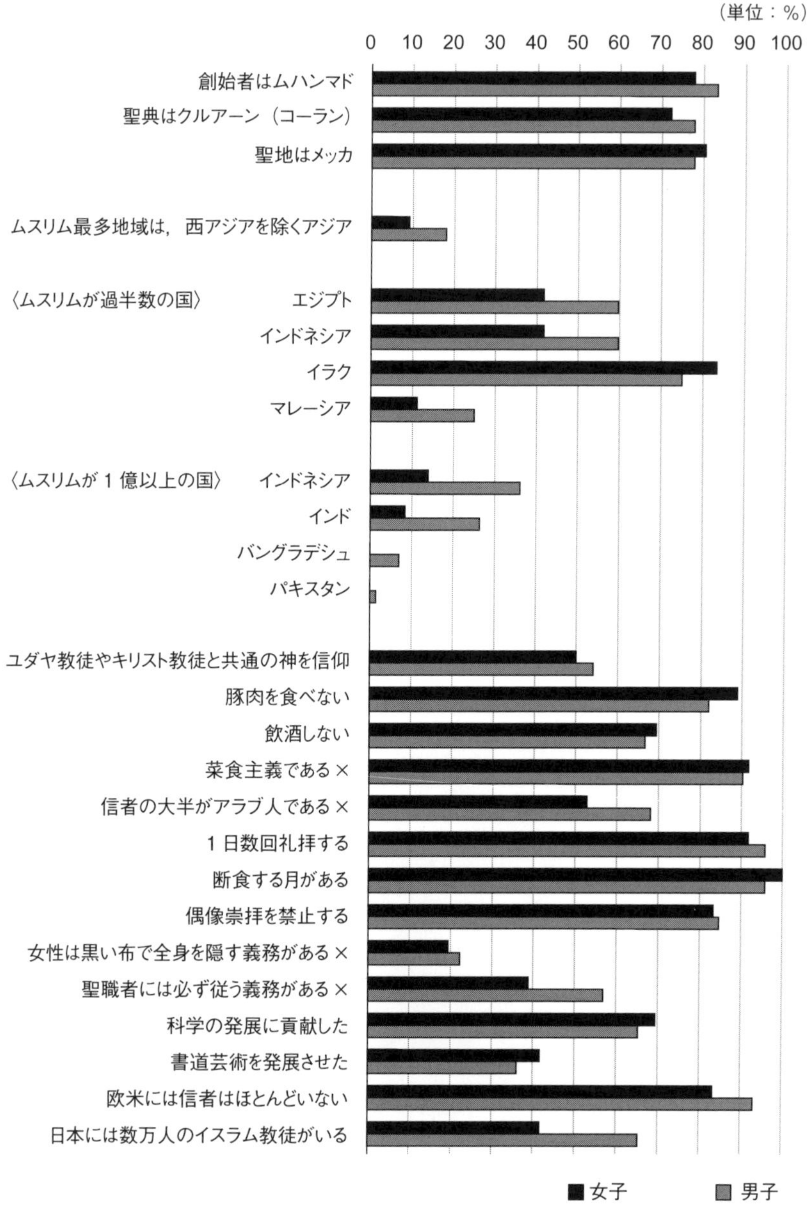

図1-4　大学生のイスラームに関する知識（正答率）

n=108（2015年調査）

4. 小中高のイスラームや宗教についての教科書記述

2019年度に供給されている教科書について述べる。

4-1　小学校の教科書記述

6年生の最後に，日本と経済や文化などの面でつながりが深い国の人々の生活の様子について，児童が1か国選択して調べる学習がある。小学校社会科教科書を発行している全4社がアメリカ合衆国などとともに，サウジアラビアを取り上げている。いずれも子どもたちの学校生活を取り上げ，教室が男女別であることについて写真も添えて紹介している。また，女子には体育がないことを2社，男子には家庭科がないことを3社が記している。ある社は，クルアーンの勉強が大切であること，お祈りの時間があること，女子のクラスでは女性の先生が教えていることを述べている。

人々の生活については，1日5回の礼拝と断食，豚肉や飲酒の禁止を全社が，また，メッカへの巡礼について3社が取り上げている。なお，断食について，1社が小さな子どもと病人は免除されることを記している。

女性の服装については3社が取り上げている。黒づくめの服装の写真を2社が掲載し，ある社は「女性が家族以外の男性と接することは制限されています。女性が外出するときは，顔や体をおおう黒い衣服を身につけます。」と述べている。一方で，「女性はししゅうや袖の形でおしゃれを楽しんでいます。家の中ではカラフルな服を着ています。」と述べている教科書もある。しかし，後者でも施設や行動などに男女の区別があるとして，レストランや結婚式披露宴を例として挙げている。

このような記述を目にした日本の児童たちは，イスラームについて否定的に受け止めるのが自然であろう。つまり，サウジアラビアというイスラームを厳格に解釈している国に見られることが，あたかもイスラーム世界全体のことと受け止められかねず，児童の偏見を助長しかねない。

4-2　中学校の教科書記述

(1) 地理的分野

イスラームは「世界各地の人々の生活と環境」と「アジア州」で取り上げられ

る。前者では，生活と宗教の関係を全４社が１見開きで取り上げている。イスラームについては，聖地メッカの方向に向かって１日５回礼拝すること，断食の期間があること，女性が頭髪や肌を隠すこと，酒や豚肉を口にしないことを全社が取り上げている（図版を含む）。掲載されている写真では，全社が集団礼拝の様子を，３社が女性の服装を，２社がハンバーガー店の男女別カウンターをそれぞれ取り上げている。

ある教科書は「日常生活にかかわる細かいきまりがあり，人々はイスラム教の教えやきまりに従いながら生活しています。」と述べている。生徒は，イスラームがたいへん面倒なもの，生活を縛る「遅れた」もの，近づき難いといったイメージを持つであろう。これでは異文化理解に逆行しかねない。

特にサウジアラビアを例に取り上げている場合は，公共の場では男女別々であることなどを例に挙げ，「厳しい規範を守って暮らしています。」（下線は筆者）と述べるなどしている。

その一方で，女性の服装の地域的多様性について全社が取り上げ，イランの例を通してファッション性が豊かになっているという記述や，写真のキャプションで「国や地域，都市や農村などによって，その衣服や体を隠す程度は異なります。」と記し，イスラームでは人間は「もともと弱い存在である。」という考えがあると述べている教科書もある。

特集ページを設けている教科書もあり，断食や飲食の例外規定や地域的多様性を載せたりラマダーンでは「いつもより多い量の食事をとることもあります。」と記したりしている。

宗教全般についてみると，ある教科書は「それぞれにきまりごとがあって」「衣食住や生活習慣に（中略）大きな影響を与えています。」，「宗教による考え方の違いが，ときには国や民族の争いにつながる場合もあります。」と述べている。また，タイでは一生に一度は寺で修行することを２社が取り上げている。これでは宗教を否定的に受け止めることになるだろう。その一方，「宗教の源には，人間の知識や科学をこえた存在に対する畏敬の思いと信仰があります。」，「宗教をめぐる共存と対立」という特集ページを設けて「キリスト教世界の人々のなかには，イスラム教の教えが暴力やテロリズムを生んでいるという考え方もありますが，それは誤りです。聖書やコーランなど宗教の原典を絶対的なものとするという意味での原理主義は，キリスト教にもあります。しかし，それが常に暴力に結びつくわけではありません。」という記述も見られる。

(2) 歴史的分野・公民的分野

歴史的分野では，イスラームの起こりのほか，十字軍をきっかけにイスラーム世界と接触し，進んだイスラームの文化がもたらされたことについて触れている。ある教科書は「歴史の中のイスラム文化」という特集ページを設けて，イスラーム世界とヨーロッパ世界との交流や現代にも見られるイスラーム文化などについて述べている。

公民的分野では，国際社会の単元で，宗教の対立が取り上げられており，宗教が戦争の発端になっているような印象を持たれかねない記述が見られる。そのなかで，「多くの国では，異なる宗教を信じる人たちが，たがいの信仰を尊重し，共存しています。(中略) しかし，相互理解の不足などによって，異なる宗教や民族の間で対立が起こっているところもあります。(中略) 平和を推進するために，異なる宗教や民族の間で対話や和解の努力が進められています。」という記述は注目される。

4-3　高等学校の教科書記述

(1) 地理A・地理B

生活と宗教との関わりで軽く取り上げているほか，西アジアとその周辺地域の学習でイスラームを取り上げている。中学校と比べて特徴的な内容は，全社がスンナ派とシーア派の分布，地理Bでイスラーム復興運動について，その活発化の背景として貧富の格差などに触れて取り上げていること，信仰告白，喜捨，巡礼を含めて五行に触れていることである。カーバ神殿は地理Bの全教科書で取り上げている。このほか，ハラール食も比較的よく取り上げている。その一方，信仰と生活とのかかわりについての地域的多様性の記述は少ない。なかには「生活様式が，教典であるコーランによって厳しく規定されている。」，「コーランに細かく規定されている。」，「日常生活にもきびしい戒律がある。」という記述がみられ，イスラームのイメージは改まりにくい。

それでも，平成28年検定済教科書では，以前よりも肯定的なとらえ方をした記述が増えている。地理Bでは，犠牲祭に触れて，肉を貧しい人々や隣人たちに配り，分け合って食べること，ハラール認証よりも成分を正直に表示することが大切といった記述をしている教科書がある。ある教科書は豚を「やむを得ず食べた場合には，別に罪にはならない。」といった例外規定に触れている。

(2) 世界史A・世界史B

世界史Aでは，西アジアの文明の学習で，イスラームの拡大や，ムスリムの生活や現代のイスラームについて，全体的に肯定的に記されている。

イスラームの拡大について「改宗を強制することはなかった。」，「(非ムスリムは) 人頭税を払うことによって信仰と生活の安全が保障された。」などと述べている。「聖典と預言者に関しては，同じ一神教のユダヤ教・キリスト教のそれらにも敬意を払う。」という記述もあり，イスラームの寛容さが示されている。

ムスリムの生活については，五行だけでなく六信にも触れている。聖職者がいないことに触れた教科書もある。特集ページを設けている教科書もあり，「もともと都市の商人の宗教であった。」，「女性は社会的に多方面で活躍している。」，「自然現象の成り立ちを筋道立てて科学的に明らかにすることは，神に忠実な営みと考えられた。このため論理学・化学・医学・天文学などが発達した。」などと，肯定的な記述が多く見られる。また，現代史で，「イスラームの教えのとらえ方」というコラムを設け，「どこまでクルアーンを参照するかは人によってさまざま」と飲酒についての解釈を例に挙げている記述や，「イスラームには人々の行動をしばる教会組織が存在しない。」という記述が見られる。

このように，世界史Aでは，生徒のイスラームについてのイメージに揺さぶりをかける記述も散見される。

世界史Bでも，今日のムスリムの生活に関わる内容をコラム等で取り上げている。男女平等に関して，採択が最も多い教科書は「イスラーム教と男女平等」というコラムを設け，「コーランがまとめられた7世紀は，どこでも男女の関係は平等ではなかった。」などと述べ，新約聖書の一節も紹介している。そして，高貴の女性はヴェールをかぶる習慣が世界各地に見られると述べ，「女性の地位向上を求める動きはしだいに強くなってきている。」と述べている。また，コラム「イスラームの女性」を設けた教科書は，暑さと砂から身を守ることのほか，高貴な女性の特権という土着の諸慣習と「クルアーン」の規定とが結びついて一般化したものと考えられると述べている。さらに「ヴェールを着用すれば女性も公的な場で活躍できるという解釈から，ヴェールの着用が女性の社会進出を促進させた事例もみられる。」と，ヴェールについて興味深い視点を与えている。因みに，このコラムでは，4人妻の件にも触れ，戦争後の女性救済措置であること，オスマン帝国では妻帯者の95％以上の妻は１人であるという資料を引用している。

本文で，イスラーム文明について「商業を中心とする，高度に発達した都市文明としての性格を色濃く持っていた。」と述べている教科書がある。そこでは，ムスリム商人が世界各地に進出したことで，イスラーム法が国際取引の法として機能したと述べている。イラン革命についても，その背景として，パフレヴィー２世の近代化政策によって貧富の差が拡大したこととイスラームの伝統が軽視されたことを指摘している。イラン革命についての記述では，こうした背景についての説明が必要である。

別の教科書は，コラム「「剣かコーランか」というイスラーム像の誤り」というコラムのなかで，「ムスリムは「宗教に強制なし」という「クルアーン」の記述にもとづいて，諸宗教との共存をはかっていた。」と述べていて，興味深い。

以上の記述は生徒のイスラームについての否定的イメージを揺さぶる可能性が期待できる。ただ，コラムでの記述であるため，授業でどの程度取り上げられているのかは心配される。

（３）公民（倫理，現代社会）

倫理では三大宗教を取り上げているが，ページ数で見ると，キリスト教：仏教：イスラームの割合は，Ａ社は８：７：２，Ｂ社は10：８：４（キリスト教・仏教については，古代ユダヤ教や仏教以前の社会について，いずれも各２ページ割いている）と，イスラームに割かれているページ数がほかの２宗教よりも非常に少ない。Ｂ社では導入教材にサブテーマが付され，キリスト教は「愛の教え」，仏教は「真理をみつめて」であるのに，イスラームは「生活すべてが信仰のあかし」とあり，生活が宗教に縛られ，前近代的であるといったイメージを持たれかねない。本文では，イスラームについては，その誕生，教え（神への絶対服従，六信五行を含む）について説明されている。Ｂ社では，同胞愛や同胞意識の強さが繰り返し述べられている。宗教を真正面に取り上げる倫理でのこうした記述には疑問を持たざるを得ない。

現代社会では宗教と人間といったテーマで，六信五行を取り上げる程度である。そのなかで「現代の資本主義的な欲望のあり方としばしば衝突することがある。」という記述は，現代イスラーム世界の動きを理解する手立てとなろう。

5. 社会科教育，異文化理解教育の課題

中学生も高校生もイスラームについての否定的イメージはかなり強いことが分かった。そして，教科書にはその否定的イメージに沿った記述が多く見られ，知識が増えるほど，かえってその否定的イメージが助長される懸念さえある。特に地理では各地の人々の生活文化の学習が重要視されているだけに，人々の語りに耳を傾けるとともに，地理が得意とするはずの地域的多様性に触れなければ，その意味が疑われるであろう。世界史ではイスラームが拡大した理由から，その寛容性に注目したい。また，倫理では三大宗教の扱い方に明らかな差が見られ，その是正が必要である。残念ながら，地球市民的資質を育成すべき社会科教育がその役割を十分果たしていないと言わざるを得ない。

その一方，中学生や高校生のなかには，知識を有すると思われる生徒に，イスラームについて「平和的で穏やか」，「弱者を保護する」というイメージを有する生徒が多かったことに着目したい。イスラームの寛容性や相互扶助の精神などに着目すれば，そのイメージを揺さぶりやすいと言える。

世界のおよそ４～５人に１人がムスリムで，その大半は平和な生活を望んでいる。社会科はともすると，違いや特色に目を奪われてきたように思える。高等学校学習指導要領解説地理歴史編は「表面的な異質性を強調することは，その理解の妨げともなる。」と警鐘を鳴らしている。人間としての共通性や多様性に，もっともっと注目すべきではないだろうか。知識の質が問われている。

参考文献

荒井正剛（2016）「地理学習におけるイスラーム世界の学習のあり方―ムスリムの生活理解を中心に―」『新地理』日本地理教育学会64-2. pp.43-54。

松本高明（2006）「日本の高校生が抱くイスラーム像とその是正に向けた取り組み―東京・神奈川の高校でのアンケート調査を糸口にして―」『日本中東学会年報』21-2, pp.193-214。

松本高明（2018）「歴史教育における十字軍」日本中東学会第34回年次大会公開講演会配布資料。

第2章

社会における課題

──イスラーム意識調査を踏まえての提言──

小林春夫

1. 問題の位相

近年，日本では定住外国人の増加や訪日観光客の誘致を理由に，多文化に開かれた社会の構築が急がれている。他方，世界では地域紛争，難民問題，軍事的緊張の高まりなど，グローバル化の影とでも言うべき社会秩序の液状化が止まらない。このように急速に変化する社会において，私たちは身近に出現した新奇な対象に過度の恐れや嫌悪感をいだきがちである。しかも，そうした感情は実態を伴わないイメージや偏った情報，またこれまで接触の機会が少なかったという理由だけで誘発されることも多い。

ムスリムが「異なる人びと」として取り上げられることが増えている。それは，東南アジアからのムスリム観光客に対する官民あげての「おもてなし」(1)や，日本人と外国人ムスリムとの共生の事例(2)として語られることもあるが，その大半はIS（イスラム国）による日本人殺害に代表されるテロや紛争などのショッキングな報道においてである。一つの社会において「他と異なること」がプラスからマイナスの価値に頽落し，多様性が同化または排除の圧力に転化する例は数多ある。だが，今後とも日本社会が多文化化の方向に向かわざるをえないとするならば，我われは「異なる人びと」から何を学び，どのように交わっていけばいいのか。イスラームはこの問題を考える上での一つの試金石であるように思われる。

筆者は，イスラーム思想史を専門としつつ，教員養成を柱とする大学で，社会科や多文化共生にかかわる教育に従事してきた。この立場から，イスラームについて学び，教えることの問題点について考えてみたい。

国の内外を問わずイスラームをめぐる環境が激動する中で，人々のイスラームに関する意識はどのように変化してきたであろうか。小中高校生のイスラーム認識については，前章で荒井が実態を詳しく報告している。筆者も大学生の実態を探るため，2006年に約100名の学生（大半が学部1年生）に対してアンケート調査を行った。その結果を要約すると以下のようになる(3)。

（1）学生の大半がイスラームについて関心をもっているが，その関心は9・11同時多発テロに代表されるテロや紛争などの暴力によって触発されることが多く，したがってイスラームについてのイメージは極めてネガティヴである(4)。

（2）学生の圧倒的多数がイスラームに関する情報をテレビから得ている。テレビで日常的に流される内容はテロや紛争に関する事件が多く，ムスリムの日常生活，歴史や文明，現代社会の諸問題や日本との関係にかかわる内容は極端に少ない。このことから，「危険」「攻撃的」「厳格」「後進的」といったイメージや，イスラームとテロを結びつける短絡的思考が生まれやすい。

（3）上記の傾向は，日頃から海外ニュースなどに興味をもつ，いわゆる「真面目」な学生ほど強い。

近年，イスラームの歴史や文化に関する書籍の数は増加しているし，学校教育でも学習指導要領に「宗教に関する学習の重視」が謳われ（2008年，中高社会科），仏教やキリスト教と並んで「イスラム教」が明示されたことにより，教科書の記述は質量ともに改善された。にもかかわらず，大学生のみならず大半の日本人にとって，イスラームは疎遠で，否定的な対象に止まり続けているのはなぜだろうか。

その原因は複合的であるに違いないが，上の大学生へのアンケート調査が示しているように，イスラームに関する情報源がマスコミ報道に偏りすぎており，イスラーム社会についてムスリム自身の声を聴く機会に乏しいことが最大の原因ではないか。

このような問題意識をもって，筆者は2018年2月にエジプトのA大学（地方の国立大学）でイスラームに関するアンケート調査を試みた。回答を寄せてくれた学生はエジプト各地からＡ大学に進学し日本語を学ぶエジプト人32人で，男性が14人，女性が18人，年齢は18歳から23歳，全員がムスリムであった。以下，この調査結果をもとに，認識の乖離に該当すると思われるケースを紹介する[(5)]。

2. ムスリムたちのイスラーム認識

まず，このアンケートの目的として，「日本の中学生・高校生・大学生がイスラームについての正確な知識をもち，イスラームについて正しく理解するためには，何を，どのように学べばよいかについて研究」するために，日本語を学ぶエジプト人大学生に「イスラームについてのみなさんの考えや，これまでの経験について教えていただきたいと思います。」と述べた。質問はＱ１～Ｑ６からなり，それぞれ３～４個の小問に分かれている。質問文は日本語とアラビア語で記載した。回答は選択式と記述式があり，記述式にはいずれの言語を用いてもよいこととした。これにより，簡単な質問には日本語で，複雑な質問にはアラビア語で回答するケースが多く，全体の三分の一弱が日本語によるものとなった。日本語による回答は原文そのままを，アラビア語による回答は筆者の日本語訳を用いる。本稿では，「Ｑ１礼拝について」と「Ｑ６日本について」を除く各質問について，回答の一部を引用しながら紹介する。また全ての回答を付表に示したので，参照いただきたい。

Ｑ２　ヒジャーブについて（女性のみ回答）

ムスリム女性のシンボルとして，女性の個性を覆い隠すものとして，ネガティヴに語られることが多い「ヒジャーブ」[(6)]であるが，その意義について回答者は次のように語っている。「ヒジャーブはつつしみであり，私たちを守ってくれます」（20歳女性，12歳から着用）。「私にとってヒジャーブは，正しいムスリム女性のアイデンティティであり，高貴なる預言者ムハンマドの妻たちに倣うことです」（19歳女性，12歳から着用）。「ヒジャーブはムスリム女性としての私の一部です。ヒジャーブは私たちを守るもの，保護するものです。神（アッラー）はヒジャーブをムスリム女性の義務とされましたが，それは彼女らを守り高めるためであり，覆い隠すためではありません」（21歳女性，10歳から着用）。「ヒジャーブは防御の砦です。最も重要な理由は，至高なる神に近づくことです。ヒジャーブは美しさの秘訣で，ある人たちが考えるように美の妨げとなるものではありません」(23歳女性，12歳から着用)。このように，ヒジャーブは敬虔さや純潔の象徴であり，異性の目から身を守る砦の役割を果たすものである。したがって，ヒジャーブは自らの意志で着用するものであり，女性の抑圧や男女差別のシンボルとする見方は誤りであるか，少なくとも一面的であると言えよう。

Q3　断食について

つぎに，社会科の教科書でも必ず取り上げられる「断食」について見てみよう。断食は「五行」の中で最も過酷な行とされ，イスラームの戒律の厳しさや，健康やビジネスを阻害するイスラームの後進性を示すものとイメージされがちである。たしかに，「断食は苦しくないですか」との問いには「苦しい」と「苦しくない」との回答が相半ばしており，日中40度を超える環境での断食はけっして楽ではないことがわかる。しかし，「最初は苦しかったけど，慣れるととても楽になりました。」(18歳女性，10歳から開始)，「断食は苦しいが，頭がすっきりします。」(21歳女性，8歳から開始) から，「いいえ苦しくはありません。むしろ楽しいです。」(18歳男性，6歳から開始)，「むしろ健康に良いです。」(18歳男性，6歳から開始) のような意見まで，受け止め方は多様である。

断食の意味については，「無駄や暴飲暴食を減らすことは健康的で，体にとても有益です。科学者も，断食は血液をきれいし，胃を休めると言っています。」(21歳男性，8歳から開始) と，健康上のメリットを挙げるものもあるが，「貧者への思いやり」を筆頭に，「食べ物への感謝」，「忍耐力」，「信仰心」といった内面的効果を強調する回答が大半を占めた。たとえば，「神は私たちに断食を命じています。貧しい人や困っている人をいたわり，助けるよう努めます。断食月は敬虔さと信仰心が求められる月です。」(18歳女性，10歳から開始)，「断食はこころを浄め，貧しい人びとを身近に感じられるようにします。」(18歳女性，11歳から開始)，「断食は私にとってたんに食べ物と飲み物を断つことではなく，嘘をつくこと，ごまかすこと，悪口をいうことなど，すべての良くないことを自分自身から遠ざけることです。」(19歳女性，10歳から開始)，「断食はこころを浄め強くします。この月が終わると，欲望に打ち勝ち，神に従うことができるようになります。」(20歳男性，10歳から) など，それぞれに充実感や達成感をもってこの期間を過ごしていることがうかがえる。

Q４　イスラームについて

ここでは，（1）「イスラームの教えで一番大切なことは何だと思いますか」，（2）「あなたにとってイスラームとは何ですか」というやや似通った２つの質問と，（3）「ほかの宗教を信じている人や，宗教を信じていない人についてどう思いますか」という質問をした。

（1）「イスラームで最も大切なこと」（複数回答可）については，「寛容」を挙げたのが16人，「誠実」が11人，「忍耐」が６人と続き，「五行」のうちのいずれかを挙げたのは７人にとどまった。「五行」は実践にかかわることなので内面的価値とは区別している可能性もあるが，寛容や誠実といった日本人にも通じる普遍的価値を第一に挙げている点は注目に値しよう。

（2）「あなたにとってのイスラームとは」については，「イスラームとは平和と安全と安らぎの宗教です。」（19歳女性）のように，「イスラーム」の語源的意味である「平和」をキーワードとして回答したものが11人と顕著であった。また，「私にとってイスラームとは人生です。真の宗教，寛容の宗教，助け合いの宗教です。」（18歳女性），「私にとってイスラームとは私の人生です。イスラームとは，私がそれを通して世界を見る鏡です。」（21歳女性）のように，人生とイスラームとを重ね合わせる回答も６例見られた。このように，イスラーム本来の意味や自らの生き方と結びつけた回答が多く，「六信・五行」を型通りに挙げるものは見あたらなかった。

（3）「他宗教や無宗教」についての意見を問うたところ，宗教の選択は個人の自由であるとほぼ全員が回答した。そのうち６人が「彼らには彼らの宗教が，私には私の宗教がある」というクルアーンの一節（第109章第６節）を引用して回答したことから，「宗教選択の自由」については，公式見解とでも言うべき認識があることが見て取れる。また，「それらの人びとは（イスラームについて）教え諭す人を見つけられないから，イスラーム以外の宗教に従っているのでしょう。もしそれらの人がイスラームについて学んだなら，シャハーダ（イスラームの信仰告白）を唱えるでしょう。」（18歳男性）や，「宗教を信じてる人は尊敬しますが，宗教を信じてない人はこの世界がどうやって始まったか，ぜんぜん考えてないと思います。考えたら，きっとイスラーム教をみつけると思います。」（22歳女性）というイスラーム寄りの意見もある半面，「私の前にいる人がユダヤ教徒あるいは不信仰者であっても，その人が敬意をもって，同じ人間として私に接してくれるなら，（宗教は）問題ではありません。」（21歳男性）という，イスラームを相対化する答えもあった。これらの回答はイスラームの重要性について微妙なニュアンスの違いを含みつつも，イスラームは他宗教に対して「不寛容」「敵対的」という固定的イメージを問い直すきっかけになるだろう。

Q５　イスラームに関する偏見

ここでは，多くの人がイスラームについて疑念を抱く４つのテーマについて，率直に質問した。

（1）「ISなどイスラーム過激派と言われている人たちについて，どう思いますか」

日本人がイスラームに対して抱くイメージに「狂信的で暴力的な宗教」がある。そうしたイメージを喚起する代表例として，イスラーム的正義を標榜しつつ過激な言動を繰り返すIS(7)について考えを問うた。その結果，全員がISはイスラームとは無関係である，イスラームの教えに背いていると回答した。「ダーイシュ（IS）はテロリストでありムスリムではありません。なぜなら彼らは罪もない人びとを殺しているからです。イスラームは私たちに寛容と宗教選択の自由を命じています。」（18歳女性），「彼らは宗教について何も知らない集団です。イスラームは私たちに敵意や悪を教えていません。イスラームは愛と善行によってアッラーへと呼びかける（＝イスラームの教えを広める）よう教えています。」（21歳女性），「彼らはイスラームとは関係がありません。彼らはイスラーム教徒やキリスト教徒を殺害したり，工場やモスクを爆破したりしているからです。去年，シナイ半島の村で金曜の礼拝中に350人もの若者が殺されました(8)。」（21歳男性）などの言葉からは，ISに対し，イスラームを傷つけるものとして大きな憤りを感じていることがわかる。

（2）「イスラームでは女性が差別されていると言う人がいますが，どう思いますか」

女性がヴェールの着用を強制されたり，教育の機会を奪われたりする報道から，イスラームでは女性が差別されているイメージがある。こうした外部評価に対する意見を問うたところ，無回答の１人を除いて全員が，イスラームでは女性が尊重されており，男女は平等であると回答した。たとえば，「イスラームは社会活動において女性を差別していません。イスラームは女性を保護し，女性の尊厳を守っています。相続，仕事，売買，来世での賞罰にかんして，女性の権利を保証しています。」(21歳女性）や，「イスラームには男女の差別はありません。イスラームが到来したことによって，それまでになかった多くの権利が女性に与えられました。イスラーム以前には女性（の嬰児）を生き埋めにする習慣がありましたが，イスラームが出現したときそれが禁止され，女性には多くの権利が与えられました。」(18歳男性）と述べている。また，女性には完全な権利があるとした上で，「ただし男性と同じではありません。『男には女の二人分（の遺産）』（クルアーン第4章第11節）とあるように，男性にはより大きな責任があるからです。」(21歳女性）と補足するものもある。さらに，「いくつかのアラブ諸国では習慣や伝統のせいでそのように見えるかもしれません。」(20歳男性）や，「イスラームはクルアーンや預言者のスンナ（慣行）において女性をとても尊重しています。にもかかわらず多くの社会で（女性が）差別されているのは，人間が作り出したもの，人間が定めた社会的習慣にすぎません。」(18歳女性）などと，イスラームの教えと現実社会とのギャップを指摘するものもあった。

(3)「なぜイスラームでは豚肉を食べることが禁止されているのですか」

この問いについては，「クルアーンで豚肉を食べることが禁じられているから。」(18歳女性）という理由に加えて，「豚は不潔だからです。豚が食べるものが汚いだけではく，豚肉には人体に有害なものが含まれていることが確認されています。」(18歳男性）といった衛生面・健康面の理由を挙げるものも多い。他方，「これはイスラームの教えです。原因はしらないです。」(21歳男性）や，「答えを探しているところです。ですがユダヤ教も理由を明らかにしないで同じことを命じています。」(21歳男性）と，本当の理由はわからないと率直に認めるものもある。

(4)「イスラームは非イスラーム教徒の人びとから誤解されていると思いますか。そう思う方は，その理由も答えてください」

最後に，「イスラームに対する偏見」について問うたところ，大多数の回答者が偏見の存在を認めた。その理由としては，過激派の存在を挙げるものと，外部のイスラームに関する無理解を挙げるものとがほぼ半々であった。前者の例としては，「そう思います。その原因は非人道的な行いをする過激なグループの存在です。彼らはイスラームとムスリムとを貶めています。ムスリムによくないイメージを与えています。」(19歳女性) や，「はい，イスラームにたいする誤解があると思います。その原因は，残念ですが一部のムスリムの行動や，全部ではありませんが一部のムスリムが自らの宗教を無視していることにあります。」(20歳男性) といった意見がある。また後者の例として，「誤解があると思います。彼らは，イスラームとはそれを信じる人を縛りつける戒律のことだと思っています。しかし本当は，イスラームは素晴らしく，楽しく，分かりやすい宗教です。アッラーは私たちに困難や苦労を望んではいないのです。」(18歳男性) や，「そう思います。批判的な意見として目にするのは，イスラームは他の宗教に敵対的であるという意見です。しかしもしそうであるなら，エジプトが (アラブによって) 征服されたとき，イスラーム以外の宗教はすべて死に絶えていたでしょう。」(21歳男性) などの意見があった(9)。「戒律の宗教」や「敵対的な宗教」というイメージは日本人も広く共有していると思われるが，回答者はそうしたイメージを偏見と捉えていることに注意すべきであろう。

以上のアンケート結果から受ける第一印象は，イスラームについてきわめて真摯に向き合い，意識的に実践しているエジプト人学生たちの姿である。たしかに，上記の回答は教室における「模範回答」にすぎないと言えるかもしれない。しかし，かりにそれが「模範回答」であったとしても，それはそれで回答者にとってのイスラーム認識であることに変わりはないであろう。彼ら／彼女らと対話する際には，そのような認識を尊重するとともに，私たちがイスラームについて考える場合にも，従来のイメージを再検討してみる必要があるのではないだろうか。

3. 結びにかえて――イスラームについて語ること――

本章では，私たちのイスラーム認識とムスリムたちのイスラーム認識の乖離について，エジプト人大学生のことばを通して見てきた。ここで，さらに一歩踏み込んで，では彼ら／彼女らのイスラーム認識ははたして正しいのか考えてみよう。アンケートの回答にあったように，ISの考えるイスラームは回答者たちの考えるイスラームとは大きく食い違っている。そしてISについては，ムスリムの圧倒的多数が回答者たちの意見に賛同するであろう。だが，はたして回答者たちのイスラームが唯一の「正しいイスラーム」と言えるだろうか。

ムスリム自身が考えるイスラームやその実践の在り方は極めて多様である。生まれ育った環境や住んでいる国の制度によってもイスラームは大きく異なる（例えばトルコとアフガニスタン）。突き詰めれば，ムスリム一人ひとりにそれぞれのイスラームがあると言ってもいいだろう。私たちがイスラームについて語るとき，「イスラームとはかくあるもの」と一括りにするのではなく，目の前のムスリムの声に耳を傾け，それぞれのイスラームの在り方を尊重する姿勢が求められよう。

また，イスラームについて語るとき，それを宗教として話題にすることが多いだろう。もちろん，これは間違いではない。だがここには，教育でイスラームを取り上げる際の，ある種の問題点があるように思われる。それは今日，多くの日本人が自分自身を「無宗教」だと認識していることと関連している。たとえばNHKが2018年に行った調査（18歳以上2400人，うち1466人が回答）によると，「特定の宗教を信仰している」と答えた人が36%，「信仰していない」と答えた人が62%，「信仰心がある」と答えた人は「とても」「かなり」「まあ」を含めて26.3%，「あまりない」「ほとんどない」「まったくない」は51.5%であった。このように過半数が「宗教」について疎遠であると感じる一方，「初もうでにいく」は89.6%，「お盆やお彼岸にお墓参りをする」は93.1%，「お守りやおふだをもらう」が82.1%などと，日常的な宗教行動に関しては極めて高い数値を示している。これらから見て取れるように，日本人の多くは「宗教」を特殊な組織・活動と考えており，年中行事や冠婚葬祭などの習俗，感謝や祈りなどの日常感覚は宗教ととらえない傾向が強い。また，「宗教は争いをもたらす」が43%，「宗教を信じる人は不寛容」が38%など，宗教に対する不信感や警戒感も根強い。このような通念の中でイスラームを取り上げる際には，習俗や日常生活にかかわる部分を強調する必要があるように思われる。たとえば，礼拝やヒジャーブなどは幼少年期からの慣習と捉えることができようし，豚肉や酒の忌避も食文化の例として理解することが可能であろう。またさらに，これらの慣習やタブーも社会環境による違いや，個人差が大きいこともあわせて指摘すべきであろう。要するに，イスラームないしムスリムを必要以上に特殊化することなく，それを個々人がもつアイデンティティの一部と捉えた上で，自分自身を含む人間の生き方の多様性と豊かさについて考える材料とすべきではないだろうか。

[注]

(1) 東京都産業労働局観光部振興課（2014）『ムスリム旅行者おもてなしハンドブック―日本とイスラムをつなぐための３つのこと』。観光庁（2017）『ムスリムおもてなしガイドブック―ムスリム旅行者受け入れ環境の向上を目指して』。

(2) 子島進（2004）『ムスリム NGO―信仰と社会奉仕活動』山川出版社。店田廣文（2015）『日本のモスク―滞日ムスリムの社会的活動』山川出版社。

(3) 拙稿（2007）「大学におけるイスラーム教育の現状と課題―「現代世界論」におけるアンケート調査を手がかりとして」林邦夫（編）『社会科教育におけるイスラム』平成18年度東京学芸大学連合学校教育学研究科広域科学教科教育学研究経費報告書，pp.57-72。荒井に比べて実施時期はかなりずれているが，最近の授業（共通科目「イスラームの社会と文化」）でも，学生のリアクションペーパー（毎回の授業に関する質問やコメント）から同様の傾向を読み取ることができる。

(4) 井上順孝（編）は大学生5000人以上を対象に，複数年にわたって宗教意識調査を行っている。その中で，イスラームへの関心が「大変高い」または「やや高い」と答えた比率の合計は2005年，2012年，2015年でそれぞれ31.1％，25.0％，53.1％となっており，2015年に急増した背景には，日本人ジャーナリスト殺害（2015年１月）を頂点とするIS報道の影響があると分析している。井上順孝（編集責任者）（2018）『学生宗教意識調査総合分析（1995年度～2015年度）』國學院大學日本文化研究所編。

(5) 本アンケートの結果は荒井正剛・小林春夫（2019）「エジプト人学生ムスリム・ムスリマの意識調査」『異文化理解を促す中等教育社会科・社会系科目の学習指導と教員養成の在り方―イスラーム世界の教材を事例に』2017～2018年度特別開発研究プロジェクト研究報告書，東京学芸大学，pp.12-33，および荒井正剛・小林春夫（2018）「エジプト人学生ムスリム・ムスリマのイスラームについての意識調査」『新地理』日本地理教育学会，第66巻第３号，pp.12-22．に発表したが，本書に再録するにあたり回答全体を再検討し，アラビア語部分を中心に必要な修正を加えた。

(6) ここでヒジャーブとは，頭髪と首回りを覆うスカーフを指す。アンケート回答者のうち１名のみが，目や手を除く体全体を覆うニカーブと言われるものを着用していた。

(7) IS（イスラミック・ステート，イスラム国など）とも。アラビア語ではダーイシュと呼ばれ，極端なイスラーム解釈に基づくカリフ制国家の建設を唱えている。

(8) 2017年11月24日，ISの旗を掲げた30人の襲撃犯により，子供30人を含む305人以上の死者，100人以上の負傷者がでたと報じられている。BBCニュース―「ISの旗を掲げ」エジプト・シナイ半島モスク攻撃（https://www.bbc.com/japanese/42132992　2020年１月15日閲覧）

(9) エジプトはモーセの時代から聖書の舞台であり，現在も人口の10％程度のキリスト教徒（コプト教徒）が存在する。

[付表] イスラームについてのアンケート

Q2　ヒジャーブについて

No	齢	始	契機	ヒジャーブをする意味
27	18	15	1	
4	20	12	1	ヒジャーブはつつしみであり，私たちを守ってくれます。
2	21	11	1	ヒジャーブをするのはたいせつなことです。
30	18	9	3	私にとってヒジャーブはすべてです。私の一部です。ヒジャーブなしで道を歩くことなど考えられません。
31	18	13	3	女性にとってのつつしみ，純潔。
5	19	12	3	(回答なし)
13	19	13	3	(イスラームにおける) 義務。
18	19	12	3	私にとってヒジャーブは，正しいムスリム女性のアイデンティティであり，高貴なる使徒(＝ムハンマド)――彼の上に神の祝福と平安がありますように――の妻たちに倣うことです。つまりヒジャーブは私のアイデンティティです。
29	19	15	3	私にとってヒジャーブはたんなる衣装ではなく，神の怒りをかうすべてのものから自分自身を覆い隠すことです。拘束ではありません。
32	19	15	3	わたしのせいじゅん (清純＝純潔) をまもることです。
11	21	10	3	神にたいする服従と畏敬。若い女性にとってのつつしみ。
24	21	10	3	ヒジャーブは，ムスリム女性としての私の存在の一部です。ヒジャーブは私たちを守るもの，保護するものです。神はヒジャーブをムスリム女性の義務とされましたが，それは彼女らを守り高めるためで，彼女らを隠すためではありません。ヒジャーブは人間の欲望をコントロールしたり，行為や世界について考えたりするきっかけになるものです。
26	21	15	3	私のせいじゅん (清純) を守ることです。
14	22	13	3	ヒジャーブはわたしのせいじゅん (‘iffah －訳者：つつしみ) をまもることです。
22	22	小6	3	ヒジャーブはよこしまな視線を避ける砦です。
28	22			(回答なし)
23	23	12	3	ヒジャーブは防御の砦です。(それを着用する) 最も重要な理由は，至高なる神に近づくことです。ヒジャーブは美しさの秘訣で，ある人たちが考えているように美の妨げとなるものではありません。
3	?	14＊	3	私にとってヒジャーブとニカーブとてもたいせつです，だれも私たちの体見られません。ですから，ムスリムのじょせいは女王のようにかんじます。

(注)
網かけは日本語での回答。それ以外はアラビア語からの翻訳。(　) 内は筆者の補足。「No.」は調査番号。「齢」は回答者の年齢。以下の表も同じ。
「始」は着用年齢。「契機」は着用のきっかけで，1「親に言われたから」，2「友達がしているから」，3「自分の考えで」，4「その他」からの選択。
＊「ニカーブは18歳から。」という回答が追記されていた。ニカーブとは，目だけを残し全身を覆うタイプのヴェール。

Ｑ３　断食について

No	性	齢	始	契機	苦しくないか？	断食をする意味
27	F	18	13	1	いいえ，苦しくないです。	断食とは，貧しい人びとの気持ちになって，たくさんザカートを払ったり，貧しい人や可哀そうな人に食事を提供したりすることです。
30	F	18	10	1	最初は苦しかったけど，慣れるととても楽になりました。	崇高なる神は私たちに断食を命じています。貧しい人や困っている人をいたわり，助けるよう努めます。断食月は敬虔さと信仰心が求められる月です。
31	F	18	11	3	もちろん苦しくありません。ただ，暑いと苦しいことがあります。	断食は神がムスリムに課した義務であり，わたしたちは一月間断食をします。断食はこころを浄め，貧しい人びとを身近に感じられるようにします。
5	F	19	9	3	だんじきはちょっとくるしいです。	まずしいひとにかんじさせいます（＝貧しい人の気持ちが感じられるようにします）。
13	F	19	10	1	いいえ。	（断食は）義務で，禁じられた行為や飲食をひかえます。それは神の満悦を得るためです。
18	F	19	11	3	少し苦しいです。でもイスラーム（教徒としての）こころを正してくれます。	断食はたんに食べ物や飲み物をさしひかえることではありません。神にはそのようなことは必要ありません。私たちの宗教において断食とは，神に背くあらゆることをさしひかえることなのです。それが断食の本当の意味です。
29	F	19	10	A	すこし苦しいです。	断食は私にとってたんに食べ物と飲み物を断つことではなく，嘘をつくこと，ごまかすこと，悪口をいうことなど，すべての良くないことを自分自身から遠ざけることです。
32	F	19	13	1	はい，くるしくないです。	びんぼう（貧乏な人のこと）を考えることです。
4	F	20	8	3	だんじきはちょっとくるしいです。	断食はイスラームの柱の一つなので，守らなければなりません。断食とは欲望や悪事をひかえたり，貧しい人々の気持ちを実際に感じたりすることです。また断食は体を整え，浄化します。
2	F	21	7	1	はじめにくるしかったが，だんじきになれてから，だいじょうぶです。	私にとって，だんじきをするのは，まずしい人の気持ちをかんじます。（＝私にとって断食とは，貧しい人の気持ちを感じることです）

11	F	21	7	1	楽しい。	（回答なし）
24	F	21	8	1	だんじきはすこしくるしいが，本と（＝ほんとうに）あたまがすっきりします。（以下，アラビア語）神は私たちが貧しい人たちの苦しみを感じられるようにします。	断食は忍耐力や我慢強さを養い，神が我われに与えてくださる恵みをはかるための最善のトレーニングです。こころと魂を整え，欲望をコントロールする力を強化します。
26	F	21	10	3	はい，苦しくないんです。	びんぼうを考えることです。
14	F	22	6	1	ちょっとくるしいですが，だんじきするときにわたしたちはうれしいです。	神のふくじゅうのためです。（＝神への服従です。）
22	F	22	12	3	ちょっと苦しい。	だんじきはけんこうにとてもいいです。まずしい人の生活をかんじさせます。
23	F	23	12	B	はい。べんきょう（勉強）のときにとても苦しい。でも体にくるしくないです。	断食は，神への信仰を完成させる上で最も大切なイスラームの柱の一つです。貧しい人や困っている人の気持ちを感じたり，（現世での）生活とその快楽を退けるための方法であり手段です。
3	F		10	1	ちょっと苦しいですが，なれたとき，だいじょうぶです。	だんじきをするとき，こんきゅうしゃ（困窮者）をかんじます。
6	M	18	10	1	時々（苦しい）。	
7	M	18	6	1	いいえ。むしろ健康に良いです。	神への服従。苦しさに耐える忍耐力。
8	M	18	?	1	断食の喜びと，神からの報酬があるので，断食が苦しいとは感じません。	断食は食べ物と飲み物をひかえることですが，私にとって大切なのは，神の満悦を得るために何かをひかえるということです。
17	M	18	6	1	いいえ苦しくはありません。むしろ楽しいです。	断食とは，貧しい人や困っている人の気持ちを理解することです。断食には神に近づくこと，体の癒しなど，たくさんの利益があります。
21	M	18	12	1	断食は苦しいです。なぜなら，この月は食べ物や飲み物を断つから…。	断食とは，食べ物と飲み物を断ち，禁じられたものに目をやらず，いくつかのことがらを控え，クルアーンを読み，親戚と交わり，サダカ（喜捨）を出すことにより，神に近づくことです。
9	M	19	8	1	断食は苦しくありません。	罪を償い，神に服従すること。

1	M	20	12	1	たいへんですが，おもしろいです。	げんきです。
12	M	20	6	1	いいえ。	体の調子が良くなる。
20	M	20	10	3	少し苦しいです。とくに（その日の断食が終わる）最後の何時間かは。	断食はこころを浄め強くします。この月が終わると，欲望に打ち勝ち，神に従うことができるようになります。たとえば，いつも食べ物を断って生活している貧しい人びとの苦しみを感じられるようになり，貧しい人びとを助けたり，私たちの前の恵みに対して神に感謝することができるようになります。
10	M	21	6	C	断食はすばらしいもので，人間に忍耐力をつけます。	断食は食べ物や飲み物の他，神の命令に反する全てを断つことです。私にとって断食は，どれだけ苦しみに耐えられるかを知り，人間に忍耐を与えるものです。私は断食が好きです。
15	M	21	7	1	そんなにくるしくない。	びんぼうのひとのきもちをわかるためにだんじきします。
16	M	21	10	1	確かにそうです。特に働きながら断食するんです。	何もです。それは宗教の習慣です。
19	M	21	10	1	ちょっと。	神様に近づく。
25	M	21	8	3	いいえ。ちょっと（＝ちっとも）くるしくないです。	（断食期間は）神に近づく時です。食べ物がない人を見かけると，近づいていって助けます。断食は他人を助けるためです。無駄や暴飲暴食を減らすことは健康的で，体にとても有益です。科学者も研究によって，断食は血をきれいにし，胃を休めると言っています。

（Q3 の注）

記号の意味は Q2 と同じ。ただし，「性」の F は女性，Mは男性をそれぞれ表す。以下の表も同じ。

「始」は断食開始年齢。「契機」は断食のきっかけで，1「親に言われたから」，2「友達がしているから」，3「自分の考えで」，4「その他」からの選択で，A～Cの内容は次の通り。

A：周りの人たちが断食するのを見て，自分もやってみようと思った。

B：私の友達はもっと小さいときから断食を始めていた。私も断食をすべき時期だった。私が断食をしないからといって周りの人が私の家族を責めるわけでもなかったが，自発的に始めたわけでもない。

C：イスラームがそれを命じているから。

Q４(1)　イスラームの教えで一番大切なことは何ですか

No	性	齢	
27	F	18	礼拝，ザカート，寛容，善い行い。
30	F	18	寛容，忍耐，たとえムスリムでなくても他人と助け合うこと，ごまかさないこと，嘘をつかないこと，真実，不正や虚偽と戦うこと。
31	F	18	寛容，誠実，ごまかさないこと，やり遂げること。
5	F	19	誠実さ（正直），信頼，謙虚さ，寛容。
13	F	19	平和，寛容，個人の権利を守ること，人道主義，誠実さ，信頼。
18	F	19	イスラームの教えで一番大切なことは美徳です。宗教は行いと道徳ですから，それが備わっていれば，その人のイスラームは良くなります。
29	F	19	寛容，やり遂げること，清潔さ，公共の財産でも私有財産でも大切にすること，慈悲深さ。
32	F	19	礼拝，断食，ザカート，寛容，善い行い。
4	F	20	イスラームは人々に多くの美徳をもたらします。その中で最も大切なことは，誠実さ，寛容，助け合い，友愛，慈悲深さ，秩序，清潔さ，忍耐などです。
2	F	21	もし人がまちかったら，ゆるします。（＝寛容）
11	F	21	れいはい（礼拝）です。（以下，アラビア語）神への服従，両親への愛，肉親の結びつき。
24	F	21	道徳，価値，善い行い，いたわり。
26	F	21	礼拝，断食，善い行い，忍耐，寛容。
14	F	22	礼拝です。
22	F	22	誠実さ，謙虚さ，信頼。
28	F	22	イスラムきょうで一番たいせつなことはれいはい（礼拝）かだんじき（断食）だけじゃなくて，ほかの人といいたいどでコミュニケーションをすることです。例，まずしい人にお金をあげます。
23	F	23	言葉や行為によって他人を傷つけないこと。
3	F		がまんとこうめい（＝公正？）だとおもいます。
6	M	18	①「神の他に神はない，ムハンマドは神の使徒」という信仰告白，②礼拝をすること，③喜捨すること，④ラマダーン月の断食，⑤可能な者はマッカに巡礼すること。
7	M	18	信頼，忍耐，寛大さ，完遂，誠実。
8	M	18	イスラームは生き方です。その教えには誠実，信頼，お年寄りを敬うことなどがあります。
17	M	18	寛容，気前の良さ，施し，誠実さ，清潔。イスラームは寛容と愛の宗教です。
21	M	18	イスラームの教えはたくさんあります。ですが第一に学ばなければならないのは，断食，礼拝，ザカート，可能なかぎり許すこと，寛容です。
9	M	19	両親を尊敬すること，神への服従，親族の結びつき。
1	M	20	善い行い，寛容，（神への）服従。
12	M	20	寛容，赦し，友愛，助け合い。

20	M	20	すべての人が他人の幸福を喜び，また自分自身と同様に他人の幸福を期待すること。
10	M	21	忍耐，美徳，誠実さ，唯一神への信仰，全ての悪事を遠ざけること。
15	M	21	しらないひとにてつだってあげることはいちばんたいせつなことです
16	M	21	愛です。
19	M	21	二行でイスラームの教えを要約することはできません。ですがイスラームは，たとえ願いと矛盾する結果になろうとも，真理を探究するように勧めています。だからクルアーンで最初に降された言葉が「誦め！」であったのは不思議ではないのです。
25	M	21	平和，他人との協力，肌の色や民族や宗教とは無関係に良くふるまうこと。

Q 4 (2)　あなたにとってイスラームとは何ですか

No	性	齢	
27	F	18	イスラームは，すべての人々が単一の庇護のもとに生きる平和の宗教です。
30	F	18	私にとってイスラームとは人生です。真の宗教，寛容の宗教，助け合いの宗教です。
31	F	18	イスラームとは，外面だけでなく，内面において信仰者であること。
5	F	19	しょうじき（正直）です。
13	F	19	真の宗教，私の人生の完全な指針。
18	F	19	イスラームとは寛容の宗教であり，イスラームの様々な使信（教え）の名前です。つまりイスラームとは平和と寛容の宗教です。
29	F	19	私にとってイスラームとは，私の舌（ことば）と手（行動）のすべてが正しくあることです。またイスラームとは平和です。
32	F	19	イスラームとは平和と安全と安らぎの宗教です。
4	F	20	イスラームとは，悪事と欲望をおさえ，美徳を守ることです。そしてそれはイスラームの教えに従うことによって可能となります。イスラームは私が受け入れ誇りにしている宗教です。なぜなら，イスラームは私たちを悪事から守ってくれるからです。
2	F	21	イスラームは偉大な宗教です。
11	F	21	（回答なし）
24	F	21	私にとってイスラームとは私の人生です。イスラームとは，私がそれを通して世界を見る鏡です。宗教と現世についてのイスラームの教えは，世界を照らし，人間同士が助け合い，人間関係を改善するに十分です。
26	F	21	イスラムきょうと（教徒）は平和のきょうと（教徒）です。
14	F	22	へいわ。
22	F	22	イスラームはへいわと（いう）いみです。
28	F	22	私にとってイスラームは神とよげんしゃ（預言者）モハメッド（ムハンマド）がいったことをまもることです。
23	F	23	天国に入り，至高なる神と預言者――彼の上に神の祝福と平安がありますように――にまみえるための手段。

3	F		イスラームとは寛容と公正の宗教で，貧乏人も金持ちも，女も男も平等です。私たちはイスラームを通じて，忍耐などたくさんの原則を学ぶことができます。
6	M	18	平和の宗教，真の宗教。
7	M	18	天啓宗教の最後のもので，全ての宗教を完成させる。世界で最も重要な宗教で，全てを代表している。
8	M	18	イスラームは寛容と愛の宗教です。預言者ムハンマド――彼の上に神の祝福と平安がありますように――がもたらした偉大な使信です。
17	M	18	イスラームとは天国への道，地獄からの救いの道であり，愛と契約の宗教です。
21	M	18	イスラームはすべての人にとって平和の宗教です。イスラームに従っている人とそうでない人との間に差別はありません。またイスラームはだれにも信仰を強制しません。イスラームはムスリムの宗教であり，彼らにとって最良の宗教です。
9	M	19	寛容，愛，友情の宗教。
1	M	20	寛容。
12	M	20	わたしのせいかく（=生き方？）です。
20	M	20	イスラームは，私にとって最も良く生きるための指針。
10	M	21	イスラームとは，悪いことをしないで生きること，善い行いをすること，道徳的に生きることを意味します。
15	M	21	へいわのしゅうきょうです。
16	M	21	平和と正義です。
19	M	21	私にとってイスラームは人生に関する教えのほぼすべてです。けれども他の宗教が（イスラームと）同じ道を辿っていないとは思いません。すべての宗教は個人および社会にとっての正義や尊厳ある生き方を信じているからです。
25	M	21	他人の権利を守ることで，これは正しい道です。

Q４(3)　他の宗教を信じている人や宗教を信じていない人についてどう思いますか

No	性	齢	
27	F	18	イスラームは他の人びとにも信仰の自由を定めています。ですから（宗教の違いは）私にとって何の違いもありません。
30	F	18	イスラームは人間同士の寛容を重んじる宗教です。イスラームは私たちに愛と助け合いを教えています。異なる宗教を信じる人びとにも宗教を選択する自由があります。イスラームはつねに寛容と宗教選択の自由を教えています。
31	F	18	私はすべての宗教を尊重しています。狂信的であることがいいと思わないからです。イスラームでは，「私たちはすべての宗教を尊重します」といいます。
5	F	19	しゅうきょう（宗教）をそんけいします。
13	F	19	すべての人には信仰の自由があると信じています。
18	F	19	すべての人間には信仰と宗教選択の自由があります。クルアーンの中で神は「彼らには彼らの宗教があり，私には私の宗教がある」と言うように仰っています。

29	F	19	それは個人の自由です。すべての人間にはその人の考えがあります。イスラームは私たちに，すべての人間はその選択に責任があると教えています。私の義務は彼らに良い道を勧めることであり，それを彼らが気に入るかどうかは彼らの自由です。
32	F	19	イスラームは自由と寛容の宗教です。それぞれの個人にはその宗教があり，選択は自由です。
4	F	20	すべての人にはその人が信じる宗教があり，それを選ぶ自由があります。（クルアーンも）「あなた方にはあなた方の宗教，私には私の宗教がある」と言っています。
2	F	21	ほかのしゅうきょう（宗教）をしんじている人をそんけいします。
11	F	21	「あなた方にはあなた方の宗教が，私には私の宗教がある」（クルアーン）。イスラームは寛容で謙遜な宗教です。
24	F	21	イスラームは「あなた方にはあなた方の宗教，私には私の宗教がある」（クルアーン）という原則を教えており，一つの宗教だけが強制されるわけではありません。しかし私の考えでは，彼らにはイスラームという宗教や，創造主や，イスラームの重要性，イスラームの人類に対する貢献について学ぶ機会が与えられていないのではないかと思います。
26	F	21	イスラームは他の人びとに信仰の自由を保障しています。至高なる神は「あなた方にはあなた方の宗教が，私には私の宗教がある」と述べておられます。
14	F	22	じぶんのじゆうです。
22	F	22	彼らは自由にしゅうきょうをえらんでもいいです。
28	F	22	宗教を信じてる人はそんけいしますが，宗教を信じてない人はこのせかい（世界）はどうやって始まったか，ぜんぜんかんがえてないと思います。かんがえたら，きっとイスラムきょうのみちをみつけると思います。
23	F	23	彼らが敵であるなら，彼らが何を信じようと関係がありません。
3	F		ほかのしゅうきょうをしんじている人をそんけいします。
6	M	18	（回答なし）
7	M	18	彼らには彼らの宗教，私には私の宗教がある。（クルアーン）
8	M	18	彼らに導きがあることを望みます。そして彼らがよく考え，慎重に行動し，最後に身を滅ぼさないようにしてほしいです。尊敬と寛容，愛が重要です。
17	M	18	他の宗教を信じている人たちは（大切なことを）少し忘れているかもしれませんが，神を信じています。しかし何の宗教も信じていない人たちはたくさんのこと，この世界の真理や世界の創造について忘れているのです。ただし，そのような人たちも友好的で信頼できる人かもしれません。
21	M	18	それらの人びとは（イスラームについて）教え諭す人を見つけられないから，イスラーム以外の宗教に従っているのでしょう。もしそれらの人がイスラームについて学んだなら，シャハーダ（イスラームの信仰告白）を唱えるでしょう。イスラームはすべての人間のための平和の宗教だから。
9	M	19	それぞれの人間にはそれぞれの考えがあります。イスラームは神のコトバとして「あなた方にはあなた方の宗教，私には私の宗教がある」（クルアーン）と教えています。

1	M	20	彼らには宗教を選択する自由があります。彼らもつまりは人間なのですから。
12	M	20	もんだいがありません。
20	M	20	個人の自由であり，私と彼らとの関係には影響しない。
10	M	21	イスラームは，すべての人にはその人の宗教があると教えています。私たちはそれを尊重しなければなりません。
15	M	21	みんなはしたがるものをしなければならないから，しんじていることはしんじつづけたほうがいいです。
16	M	21	これは神様の判断です。
19	M	21	私の前に入る人がユダヤ教徒あるいは不信仰者であっても，その人が敬意をもって，同じ人間として私に接してくれるなら，(宗教は) 問題ではありません。
25	M	21	彼らには完全な自由があります。これは個人の自由です。私たちの主は彼らを正しい道に導かれます。

Q 5 (1)　IS など「イスラーム過激派」と言われている人たちについて，どう思いますか

No	性	齢	
27	F	18	過激な集団で，イスラームを代表していません。イスラームはテロや人々に恐怖を与えることを禁じる平和の宗教だからです。
30	F	18	ダーイシュ (= IS) はテロリストでありムスリムではありません。なぜなら，彼らは罪もない人々を殺しているからです。イスラームは私たちに寛容と宗教選択の自由を命じています。
31	F	18	彼らは何の存在 (=存在意義？) ももたない集団です。彼らはイスラームについて何も知りません。イスラームはそのようなこと (=テロ行為) をまったく勧めていませんから。
5	F	19	過激な集団で，宗教とは無関係です。
13	F	19	彼らはイスラームをまったく代表していません。
18	F	19	ダーイシュ (= IS) や過激な集団は彼らが正しいと信じていますが，彼らはイスラームとは関係がありません。なぜなら，私たちの宗教は，たとえ宗教が違っていてもその人を殺すことを禁じているからです。
29	F	19	彼らはイスラームを代表していません。なぜなら，イスラームは慈悲と建設を奨励していて，殺害や破壊を勧めてはいないからです。またイスラームは，思想信条の自由と，私たちに危害を加えない限り，他の人々との平和を守るよう奨励しています。
32	F	19	イスラームを代表していないし，その特徴も備えていない集団です。
4	F	20	彼らは過激な集団です。宗教とは関係がありません。
2	F	21	IS などエスラーム (=イスラーム) きょうとじゃないと思います。
11	F	21	(回答なし)
24	F	21	彼らは宗教について何も知らない集団です。イスラームは私たちに敵意や悪を教えていません。イスラームは愛と善行を通じて神へと呼びかける (=イスラームの教えを広める) よう教えています。至高なる神は「知恵と良き忠告とによって汝の主の道に呼びなさい」(クルアーン) と述べています。

26	F	21	そのことについてじょうほう（情報）がありません。
14	F	22	エスラーム人（＝イスラーム教徒）じゃないです。ほかのコメントがないです。
22	F	22	IS はイスラームきょうとはかんけいがない。IS はとても悪い人です。
28	F	22	かれらはぜったいにまちがっています。はんたいです。なぜなら，イスラムきょうはそういうことをぜんぜんいいませんから。
23	F	23	過激派集団で，テロによって他国の領土を侵略しています。イスラームとは関係がありません。彼らが台頭した主な理由はイスラームの歪曲です。彼らの目には蔽いがかかっている（＝真実を見ることができない）のです。
3	F		どこでもわるい人がある，IS はイスラームかげきはだとおもいます
6	M	18	彼らは宗教と関係がありません。
7	M	18	彼らはムスリムではありません。イスラームは殺人を禁じているからです。彼らはアラブ世界を滅ぼそうとしている国家機関に従っているのです。
8	M	18	彼らはイスラームとは関係ありません。勝手にイスラームを守っていると主張しているだけです。しかし彼らのやり方は，イスラームとは関わりがありません。
17	M	18	彼らはイスラームとは関係がありません。いやどんな宗教とも。
21	M	18	彼らは過激な集団で，そのねらいは人々の平穏を脅かし，憎悪と過激主義を広め，特定の思想をまき散らすことです。彼らは自分たちの考えだけを広めようとしており，それが正しくても間違っていても反論も批判も受入れない。さらに彼らに反対する者は殺害したり，異なる民族を脅迫したりしています。
9	M	19	彼らは後進的で，過激で，イスラームを間違った仕方で理解している人びとです。
1	M	20	イスラームを傷つけている集団です。イスラームとは何の関係もありません。
12	M	20	わるいひとです。
20	M	20	彼らはイスラームをよそおっているだけで，ムスリムではありません。イスラームは言葉だけでなく行為です。自分はムスリムだと言っても，その行為がそれを裏付けないこともありえます。
10	M	21	彼らは私たちの宗教であるイスラームから逸脱しています。彼らの行為はすべて神から罰を受けるでしょう。
15	M	21	せかいじゅうでも，ぜんぶのくにでも，ぜんぶのまちでもテロリストがいますから，イスラームのちほうだけじゃありません。
16	M	21	たとえ，私はいつも礼拝して，まずしい人たちに私のもっている物をあげて，断食しても，平和と愛がなければ，何のやくにもたちません。そういうわけで，IS はムスリムじゃないです。
19	M	21	過激主義はイスラームに限らずどの宗教にもあります。私たちが宗教の言葉（＝教え）を良いことのために用いるなら，良いことが増えるでしょう。ですがその逆も同様です。
25	M	21	彼らはイスラームとは関係がありません。彼らはイスラーム教徒やキリスト教徒を殺害したり，工場やモスクを爆破したりしているからです。去年，シナイ半島の村で金曜の礼拝中に350人もの若者が殺されました。

Q５(2)　イスラームでは女性が差別されていると言う人がいますが，どう思いますか

No	性	齢	
27	F	18	イスラームは，クルアーンや預言者のスンナ（慣行）において女性をとても尊重しています。にもかかわらず多くの社会で（女性が）差別されているのは，人間が作り出したもの，人間が定めた社会的習慣にすぎません。
30	F	18	それは正しくありません。イスラームは女性に完全な自由を与えています。たとえば教育がそうであるように，女性にはすべてにおいて男性と同様の権利があります。
31	F	18	まったく違います。イスラームは女性にすべての権利を与えています。いかなる人種差別も存在しません。
5	F	19	イスラームではじょせいがさべつ（＝女性差別）がありません。
13	F	19	それは正しくありません。イスラームは女性を尊敬していますし，完全な権利を認めています。人びとが主張するような人種差別はありません。
18	F	19	それは正しくありません。イスラームは他のどの宗教にもまして女性を尊重しているからです。
29	F	19	その逆です。イスラームでは信仰および教育や仕事にかんする権利において男女は平等であるとしています。その証拠として，預言者ムハンマドの妻ハディージャは何人かの女性と同様に戦争に参加しました。
32	F	19	イスラームは女性を尊重し，権利を与えています。イスラームには女性に対する人種差別は存在しません。
4	F	20	それは正しくありません。イスラームは女性にも全ての権利を与えていて，女性と男性に区別はないからです。
2	F	21	それはほんとうじゃないと思います。
11	F	21	そうは思いません。イスラームでは女性にも完全な権利があります。ただし男性と同じではありません。「男には女の二人分（の遺産）」（クルアーン）とあるように，男性にはより大きな責任があるからです。
24	F	21	イスラームは社会活動において女性を差別していません。イスラームは女性を保護し，女性の尊厳を守っています。相続，仕事，売買，来世での賞罰にかんして，女性の権利を保障しています。
26	F	21	いいえ，イスラムではじょせいがさべつ（＝女性差別）がないと思います。
14	F	22	そのことはただしくないです。イスラームはじょせいのきくけん（＝人権？）をまもっています。
22	F	22	イスラームでは女性がさべつ（＝女性差別）がありません。
28	F	22	はんたいです。よくかんがえたら，さべつはありません。
23	F	23	私はそうは思いません。男女は平等です。
3	F		それはほんとうじゃないです。
6	M	18	イスラームがなかったら，女性に権利はなかったでしょう。そのようなこと（＝女性差別）を言う人は，宗教について真面目に考えていないと思います。

7	M	18	そのような意見は大きな間違いです。イスラーム世界の女性は働き学んでいます。女性には男性と同様の権利と義務があります。
8	M	18	それは正しくありません。イスラームは女性を尊敬すること，いたわること，女性の権利を守ることを求めています。
17	M	18	イスラームでは男女の間にいかなる人種差別もありません。むしろ神は正しい方法で女性の権威を守ろうとしています。
21	M	18	イスラームには男女の差別はありません。イスラームが到来したことによって，それまでになかった多くの権利が女性に与えられました。イスラーム以前には女性（＝嬰児）を生き埋めにする習慣がありましたが，イスラームが出現したときそれが禁止され，女性には多くの権利が与えられました。
9	M	19	そうは思いません。イスラームでは全ての人間は平等です。
1	M	20	イスラームでは男女は平等です。
12	M	20	（回答なし）
20	M	20	いくつかのアラブ諸国では習慣や伝統のせいでそのように見えるかもしれません。しかしイスラームでは，それぞれを区別する生まれつきの性質を除いて，男と女の間に区別はありません。
10	M	21	イスラームにはそのようなこと（＝女性差別）はありません。むしろイスラームは女性の権利を守っています。
15	M	21	いいえ。イスラームのくにでじょせいはだいじん（大臣）としてはたらけて，かちょう（課長）やしゃちょう（社長）としてはたらけます。
16	M	21	ただのうわさにすぎない。じょうだん（冗談）のようなはなし。
19	M	21	イスラームは女性を高い地位においています。女性を軽んじる者は（イスラームの教えについて）無知なのです。イスラームの多くの主張がこのことを裏付けています。
25	M	21	差別はありません。イスラームは女性に完全な権利と，言論や集会の自由を与えています。これは預言者ムハンマド――彼の上に神の祝福と平安がありますように――から私たちが学んだことです。今日，女性は不道徳なことしたり，望むままの服を着たりする自由を求めています。しかし，このようなことはかえって女性の地位を低めます。イスラームは女性の地位を高め，男たちの間に女性に対する敬意が生まれるようにしているのです。

Q５(3)　なぜイスラームでは豚肉を食べることが禁止されているのですか

No	性	齢	
27	F	18	豚肉は人間の健康にとても有害だから。
30	F	18	至高なる神が聖クルアーンの中で豚肉を食べることを禁じているからです。私たちの主（＝神）は人体に有害なものをすべて禁止しています。
31	F	18	クルアーンで豚肉を食べることが禁じられているからです。
5	F	19	ゴミをたべますから。
13	F	19	有害だからです。人間に害をあたえるものはすべて禁止されています。

18	F	19	神は豚肉を食べることを禁じていますが，それは有害だからです。たとえ私たちがその理由を知らなくても，神はすべてをご存知です。
29	F	19	豚肉は人間の体に害を及ぼします。イスラームは人間にとって有害なものをすべて禁止しています。
32	F	19	人間にとって極めて有害であり，不衛生だから。
4	F	20	イスラームは私たちに有害なすべてのものを禁じています。豚について言えば，健康（衛生）上の問題です。つまり豚肉は数多くの病気をひきおこしますからとても有害です。
2	F	21	からだによくないからです。
11	F	21	きたないどうぶつだから，きんしされている。
24	F	21	豚肉は人間に有害な病気をもたらすからです。近代科学がそれを明らかにしています。
26	F	21	いと高き神がそれを禁じておられるからです。このことは聖クルアーンにあり，そこで神は仰っています。「あなた方には死肉，血，豚の肉，神以外のものに捧げられたものが禁じられている。」
14	F	22	からだにわるいですから。
22	F	22	ぶたはごみを食べるかもしれませんから。
28	F	22	よくぶたにく（豚肉）についてしらべてみたら，からだによくないです。おさけと同じことです。かみさまはよくないものだけきんし（禁止）しているからです。まっすぐのみちへつくため（＝正しい生き方をするため），よくしらべたほうがいいと思います。
23	F	23	（回答なし）
3	F		ぶたにくはけんこうにわるいものです。
6	M	18	（回答なし）
7	M	18	豚は不貞で，母親や姉妹を守らない。
8	M	18	神（のみ）がご存知の理由によります。豚肉には害があるから神はそれを禁じておられるのだと，私は確信しています。
17	M	18	豚は不潔だからです。豚が食べるものが汚いだけではく，豚肉には人体に有害なものが含まれていることが確認されています。というわけでイスラームは豚肉を食べることを禁止することにより，イスラームを受入れた人を保護しようとしています。
21	M	18	聖クルアーンが豚肉を食べることを禁じているから。豚は残飯で飼育されるから。豚肉は健康に多くの害をもたらすから。このような理由でイスラームは豚肉を食べることを禁じています。
9	M	19	きたない動物で残飯を食べるから。貪欲だから。
1	M	20	げんきじゃない，（アラビア語）健康に良くないから。
12	M	20	はい。
20	M	20	イスラームでは人間とその健康に害をもたらすものすべてを禁じているからです。

10	M	21	その動物はゴミの上で育ちます。…このようなことは宗教では禁じられています。
15	M	21	ぶたにくはからだにわるいからだ。
16	M	21	これはイスラームの教えです。原因はしらないです。
19	M	21	答えを探しているところです。ですがユダヤ教も理由を明らかにしないで同じことを命じています。
25	M	21	豚はその伴侶が他の豚と交尾するのを見て喜ぶ唯一の動物である。他の動物の残飯で飼育される。またたとえ清潔な場所に置かれても，豚はその排泄物の上で飼育される。インターネットで探せば，このように医者や非ムスリムの科学者たちが言っているのがわかります。

Q５(4)　イスラームは非イスラーム教徒の人びとから誤解されていると思いますか。
そう思う方は，その理由も答えてください。

No	性	齢	
27	F	18	そう思います。ダーイシュ（IS）のような過激派集団が，他国に対してイスラームの間違ったイメージを植え付けているからです。
30	F	18	そう思います。その理由は，一部のムスリムがイスラームの名前を使って憎しみや殺人をあおっているからです。
31	F	18	そうは思いません。イスラーム教徒ではない人の多くがイスラームを尊敬しています。もちろん尊敬しない人も少しはいますが。
5	F	19	はい，でもげんいんがわかりません
13	F	19	そう思います。その原因は，イスラームをテロの口実にしているテロ集団です。
18	F	19	そうですね。その理由は過激なグループです。彼らはイスラームのためだと主張していますが，それがイスラームのイメージを悪くしているのです。
29	F	19	はい。その理由は，ムスリム自身の中にイスラームの本当の意味を理解していない人がいて，そのような人たちがイスラームやムスリムを間違った形で表現しているからです。
32	F	19	そう思います。その原因は非人道的な行いをする過激なグループの存在です。彼らはイスラームとムスリムとを貶めています。ムスリムによくないイメージを与えています。
4	F	20	いいえ，そうは思いません。地球上の全ての人々はイスラームの素晴らしい点をよく認識していると思います。ただ，それぞれの人には父祖伝来の信仰があるということです。
2	F	21	はい，そう思います。イスラームきょうとのわるい人をわるいことをしたら，ほうか（=他）の人はイスラームきょうとはすべてわるい人だと思います。
11	F	21	（回答なし）
24	F	21	はい，そう思います。その理由は，イスラームを信じていない人は他人からイスラームにかんする間違った知識を得ており，自ら探求したり，ウラマーや法学者に尋ねたりして真実を学んでいないからです。
26	F	21	はい，たくさんの人がイスラムきょうとのまちがえることをしますからです。（=たくさんの人がイスラームの教えに反することをするからです？）

14	F	22	そうおもいます。その人たちはイスラームをしりません。
22	F	22	はい。イスラームきょうとのことがよく分かりません（＝イスラーム教徒のことをよく知りません）
28	F	22	（回答なし）
23	F	23	はい。とても！とても！とても！（誤解されています）
3	F		はい，りゆうがわかりません。
6	M	18	そう思う。人々は過激派だけを見て，イスラームの寛容な教えを知らないから。
7	M	18	そう思う。人々はイスラームをテロの宗教だと思っていますが，そうではありません。イスラームは寛容と平和の宗教です。
8	M	18	そう思います。テロ集団がイスラームにかんする誤まった考えを広めたからです。イスラームは愛と寛容の宗教です。イスラームには寛容の教えがたくさんあり，世界がその教えに従うなら，人々の生活はずっと良くなるでしょう。
17	M	18	誤解があると思います。彼らは，イスラームとはそれを信じる人を縛りつける戒律のことだと思っています。しかし本当は，イスラームは素晴らしく楽しく分かりやすい宗教です。神は私たちに困難や苦労を望んではいないのです。
21	M	18	はい，イスラームを信じていない人々には誤解があります。彼らはイスラームについて何も知らないから誤解が生まれるのです。彼らはイスラームはイスラーム教徒とキリスト教徒を差別しており，イスラームは剣によって広まったと考えています。しかしイスラームは寛容な教えと高貴な原理によって広まったのです。
9	M	19	はい，そう思います。人々がイスラームを正しく理解するなら，唯一無比の神の存在を信じるでしょうから。
1	M	20	はい，おもいます。（以下，アラビア語）なぜなら，人々はイスラームを傷つけている人たちを見て，イスラームそのものを見ていないから。
12	M	20	いいえ。
20	M	20	はい，イスラームにたいする誤解があると思います。その原因は，残念ですが，一部のムスリムの行動や，全部ではありませんが一部のムスリムが自らの宗教を無視していることにあります。
10	M	21	確かにそうです。彼らがイスラームをよく知れば，この宗教を信じるでしょうから。
15	M	21	はい，そうおもいます。
16	M	21	確かにそうです。イスラームの本物の教えをしらないんですから。
19	M	21	すべての宗教が同じ問題に苦しんでいます。イスラームだけではありません。
25	M	21	そう思います。批判的な意見として目にするのは，イスラームは他の宗教に敵対的であるという意見です。しかしもしそうであるなら，エジプトが（アラブに）征服されたときイスラーム以外の宗教はすべて死に絶えていたでしょう。だが実際には，彼らのために教会を建てたり，それ以前にはなかった自由を与えたのです。彼ら（異教徒）の生活において最良の時代はイスラームの時代でした。

コラムⅠ

ラマダーンは楽しい？
── ブルネイでの経験から ──

佐々木智章

1. ブルネイのラマダーン

「バスの中であっても水を飲む際はカーテンを閉めるようにしてください」。ラマダーン最終日のブルネイに入国する際に現地ガイドから注意された言葉である。ブルネイはイスラームの戒律を厳格に守る人々が多い国である。2014年５月からはイスラームに基づくシャリーア刑法が一部導入され（2019年４月から完全実施），街中には宗教警察もいるとのことで，我々外国人旅行者もイスラームの戒律を気にせざるを得ない。その日の昼食もカーテンが閉められ，中の様子を見ることのできないレストランでとることになり，これまでの海外での経験とは異なる緊張感や不安を覚えた。しかし，その後，そうした緊張感とは異なる発見や経験をいくつかすることになった。

まず，ラマダーンが明ける時間の少し前から街中のレストランは多くの家族連れで賑わっていた。もちろん，何も口にすることはないが，終了を待つ様子は日中の断食の苦しさよりも，達成感あるいは家族とともに食事をとることの喜びの方が大きいように感じられた。食事後は近くのショッピングセンターで多くの家族連れが買い物を楽しんでいた。ムスリムにとって断食が明けることは，新年を迎えることと同様である。初売りに出かける日本の家族と同じような印象を受けた。

翌朝，ホテルではミネラルウォーターが配られた。このペットボトルのラベルは特別なもので，そこには，ラマダーン明けを祝う花火，挨拶を交わす人々，料理や食事をする家族，記念撮影をする家族，水を汲み運ぶ人などのイラストが可愛らしいタッチで描かれていた。人々がラマダーン明けをいかに喜んでいるのかを知ることのできるものであった。

さらに，大変興味深い看板を街中のカフェで発見した（写真１）。ドリンクが15％割引になるというものだった。「やはり年に１度の特別な日は違うな」と思いながらよく見て，さらに驚かされた。6月29日から７月27日までと期間が書かれてい

写真１　カフェにおける割引の表示
2014年７月筆者撮影
「15% discount on all items」の下に「valid from 29 June 2014 till 27 July 2014」の文字がある。

たのだった。これは，ブルネイにおけるその年のラマダーンの期間で，15％の割引は毎日行われていたのである。日没後の食事も厳かにしているのだろうとの勝手なイメージは崩された。後で知ったことだが，「ラマダーンセール」と称するこうした割引は，飲食店だけなくショッピングセンターなどでも行われ，新聞広告などにも大きく掲載されているようだ。

このような看板や新聞広告から推測することは，先に挙げた喜びにあふれた食事の様子も，ペットボトルに描かれた人々の楽しそうな様子も年に1度の特別なものではなく，ラマダーンの日常であるということだ。確かに日中の断食は苦しいかもしれない。しかし，毎日がセールなら楽しいだろうし，毎日家族で達成感を味わいながら食事をすることができるのは幸せなことでもあろう。内藤（2011）によると，ラマダーン月の善行は神からの褒美が倍化されるといい，中田（2015）は，善行は最大700倍になると述べている。どうやらセールは飲食店だけではないようだ…きっと町でも多くの善行を見ること，感じることができるのだろう。

2. ラマダーンを通じて共感的理解を

毎年，「イスラームから何をイメージしますか」と勤務校の中高生に聞いてみるが，必ず断食が上位に挙がる。イスラームについて学ぶ前の質問だし，断食という言葉からはポジティブなイメージは感じられない。しかし，ブルネイでの経験の例を挙げながら授業を行い，高校生に「ムスリムとどのように付き合っていけばよいか」と問うてみたところ，次のような回答がみられた。「その行いをなぜ毎日欠かさず行うのか，何のために行うのか，そういったことを理解することで上手く付き合っていけると思う」「少し価値観が違うだけで，私たちと同じだということを理解しておくことが重要ではないか」「自分とは全く異なる考え方の人々として接するのではなく，人生の楽しみ方が異なる人として接したい」「互いの文化を理解するのは大切だが，まずその理解が真実かどうかを知ることがもっと大切だと思った」など，具体的な行動や心構えにつながるような回答が返ってきた。断食という言葉だけでは，イスラームの異質性が際立ち，理解を一層難しいものにする可能性がある。しかし，家族や友人と一緒に食事をすること，楽しく買い物をすること，幸せを願うことなどは信仰を異にしても私たちと共通する点である。こうした共通点の発見が，誤解を解くだけでなく，互いを尊重したコミュニケーションへの第一歩となるのではないか。

参考文献

内藤正典（2011）『イスラム―癒しの知恵』集英社新書。
中田考（2015）『イスラーム　生と死と聖戦』集英社新書。

コラム 2

ムスリム訪日観光の隆盛と多文化理解

椿　真智子

グローバル化の進展とともに，観光は多くの国・地域で主要産業となりつつある。観光は，受入れ国・地域における自然環境や文化・歴史，産業技術などの観光資源とともに，主体となる「ゲスト」「ホスト」双方の関係により成立する。またその関係は，観光政策や入国管理，交通条件などの外的要素と，両集団の特徴，たとえば人口規模・構成や言語・宗教等の文化的背景，生活様式や経済水準，関心・嗜好やイメージなどの主体や内的要素の双方に深く関わる。さらに観光地の持続可能性を追求するためには，自然環境や地域社会の実態を把握することに加え，「ゲスト」「ホスト」双方の相互認識が重要となる。すなわち自他の文化や行動様式の特徴・差異を考慮したホスピタリティとコミュニケーションが大切である。観光客の多くは長期滞在者・生活者とは異なる一時滞在者ではあるが，ムスリムの場合，言語に加え，イスラームに関わる生活規範の制約が生じる。その典型が1日5回行う礼拝と食である。とくに食は観光の極めて重要な要素でもある[1]。

2010年代に訪日観光客は著しく増加し，2016年には2000万人を突破した。オリンピック・パラリンピック開催決定もあり，日本政府は2020年までに訪日観光客4000万人の受入れ目標を掲げた。なかでも増加率が高いのは東南アジアのムスリムである。訪日ムスリムは2004年に約15万人であったが，2018年には100万人を超えた。とくに世界最大のムスリム人口を擁するインドネシアと，人口の約6割がムスリムであるマレーシアからの観光客が多い。両国とも，経済成長に加え，2013年以降のビザ緩和やLCC（格安航空会社）就航による影響が大きい。日本社会や日本の伝統・現代文化に対する関心が高いことも一因である。

では増加するムスリム観光客を今後も持続的に受入れるためには，何を優先的に整備し，どのような点に配慮すべきであろうか。ホスト社会の一員として,「ムスリムフレンドリー」を実践してみよう。ちなみにこの表現は，2013年に日本政府観光局（JNTO）が作成したガイドブックに登場したものである。もともとムスリム人口が極めて少なく，イスラームの理解が希薄な日本社会において，無理のない形でムスリムに対応し，彼らの文化・規範を尊重することを意味する。ただし本表現がとくにハラールに用いられる場合，定義の曖昧な事例がしばしばあり，かえって混乱を招くおそれもある。

こうしたムスリムフレンドリーの実態や課題，変化の生じた場所・施設を調べてみるのも有効であろう。たとえばムスリムが日本を観光する際に大きな課題となる礼拝室の立地や特徴について調べてみよう。訪日ムスリムの増加に伴い，モスク以外にも礼拝室が徐々に整備されてきた。まず日本の玄関口である空港についてみると，関西国際空港が2013年に「日本初のムスリムフレンドリー空港」をめざし，24時間使用できる礼拝室の増設（男女別）やウドゥー（礼拝前の浄め）のための水場設置，礼拝に必要な備品貸出しを開始した。成田国際空港では出国審査前エリアにあった「Silence Room（サイレンス・ルーム）」を2013年に「Prayers Room（礼拝室）」と名称変更し，2014年にウドゥー用の水場を整備した。しかし，日本国内に28ある拠点空港のうち，礼拝室を設置しているのは現在12空港である（表1）。さらに礼拝室にウドゥー用の水場が設置されているのは8空港のみであった。なお各空港のフロアーマップや礼拝室前には資料1に示したようなマークが見られるが，これらマークも空港により形・表現が異なり統一されていない。一方，空港以外では，現在，鉄道駅，ショッピングモールやアウトレット，デパート等の商業施設，ホテル，飲食店，観光施設，高速道路サービスエリア等にも礼拝室の設置が広がりつつある。

国際観光協会（JNTO）は，訪日ムスリムの拡大をはかるため，2013年に「JAPAN TRAVEL GUIDE for Muslims」を発行した。主な内容は国内の観光地・施設や旅行・気候などの基礎情報とモスクや礼拝所，ハラール対応レストランの紹介である。日本ハラール協会監修のレストランについては，ハラール・ミート使用か，オーナー・料理人がムスリムか，ベジタリアン用メニューの有無，アルコールの有無等が記されている。ムスリムのハラールに関する多様性に対応した情報といえる。しかし掲載レストランの大半はエスニック系で，訪日ムスリムの多くが日本料理を嗜好していることからすると，実際のニーズに十分応え

資料1　礼拝室を示すマーク
注：「ハラールメディアジャパン」Webサイト上に掲載・提供されている礼拝室のマーク　https://www.halalmedia.jp/ja/sitemap/prayer-room-mark/（最終閲覧日：2020年4月6日）

表1　日本の拠点空港における礼拝室等の有無

空港名	礼拝室	ウドゥー
新千歳空港	○	○
稚内空港	×	×
釧路空港	×	×
函館空港	○	×
旭川空港	○	×
帯広空港	×	×
仙台空港	○	○
秋田空港	×	×
山形空港	×	×
成田国際空港	○	○
東京国際空港	○	○
新潟空港	×	×
中部国際空港	○	○
関西国際空港	○	○
大阪国際空港	×	×
広島空港	×	×
山口宇部空港	×	×
高松空港	×	×
松山空港	×	×
高知空港	×	×
福岡空港	○	○
北九州空港	×	×
長崎空港	×	×
熊本空港	×	×
大分空港	○	×
宮崎空港	×	×
鹿児島空港	○	×
那覇空港	○	○

注：礼拝室・ウドゥーの有無は，各空港Webサイト（2020年3月時点）にもとづく。なお礼拝室を祈祷室と表記する空港もあるが，ここでは礼拝室に統一した。

られていない。しかし情報はその後も更新されつつある。

2015年には観光庁が，国内の飲食店や宿泊施設等に向けた「ムスリムおもてなしガイドブック」を発行した。ムスリムが安心して快適に滞在できる環境整備を目的としたものである。イスラームの教えやムスリムの食・礼拝・習慣をはじめとする基礎知識，訪日ムスリムの動向や意見，ムスリムのニーズに応じた対応・サービスに関してわかりやすくまとめている。同時に個々人の差異や柔軟な対応の必要性も繰り返し指摘している。これらのガイドブックはムスリムの多様性にふれ，ホストとしての立場・視点からムスリムの特徴を理解することができる。

2010年代前半の神戸・千葉市や東京都台東区における訪日ムスリム向けマップやWebサイト，受入れガイドブックの提供をはじめ，2010年代後半には多くの自治体がムスリム向け情報やガイドブック・マップ等を発行している[(2)]。多文化理解と共生に向けた実践の資料として，身近な地域のガイドブックを活用することも可能であろう。

最後に，世界のムスリム観光客の動向や市場・ニーズ調査を行うマスターカード&クレッセントレイティング社の「Global Muslim Travel Index」[(3)]によれば，各国のムスリムへのホスピタリティ評価として，日本は2013年には60カ国中50位（非OIC加盟国中では23位）と低いレベルにあった。しかし2019年には130カ国中25位（非OIC加盟国中ではイギリス・台湾とならぶ3位）にまで順位をあげた。このデータから，各国のムスリムをとりまく社会環境を比較・考察することができる。日本が数年間で上位に躍進した背景には，インバウンド振興策とムスリム関連市場の拡大があり，ムスリムフレンドリーの環境整備は進みつつあるが，観光の持続的発展のためには，「ゲスト」「ホスト」の相互認識・理解とコミュニケーションとが欠かせない。文化的相違を超えたホスピタリティのあり方についても考えさせたい。

注

(1) 平成29年訪日外国人消費動向調査によれば，訪日前に期待していたこととして，マレーシア人（回答663名）の72.3％，インドネシア人（回答484名）の68.1％が「日本食を食べること」を第1位にあげていた（首相官邸政策会議観光戦略実行推進タスクフォース「訪日ムスリム旅行者対応のためのアクション・プラン：「多様な宗教的，文化的習慣を有する旅行者への受入環境等の充実」による「世界が訪れたくなる日本」の実現」2018年5月）。

(2) 自治体レベルでのムスリム対応にいち早くとりくんだ神戸市・千葉市・東京都台東区の訪日ムスリム向け情報の一部は以下の通りである。
神戸市：「ムスリムフレンドリーマップ」https://news.kobekeizai.jp/blog-entry-2911.html
千葉市：「ムスリムおもてなしマップ Around Tokyo Chiba City：Muslim Friendly Map」https://www.city.chiba.jp/keizainosei/keizai/promotion/documents/2019_muslimmap.
東京都台東区：「ムスリムおもてなしマップ」https://www.city.taito.lg.jp/index/bunka_kanko/yukyaku/tourist/1.html

(3) 毎年，レストランのハラール対応や空港・ショッピングモール・ホテルにおける礼拝室の設置など，ムスリム旅行者が必要とする設備や対応を数値化し，ムスリムに対する各国のホスピタリティを評価している。https://www.crescentrating.com/download/thankyou.html?file=hJGfOCBy_20190406_MC-CR_GMTI_2019_Interactive.

第Ⅱ部
授業実践と生徒の反応

「宗教には強制があってはならない。正しい道と迷妄とははっきりと区別されている。」

（クルアーン第２章第256節）

＊宗教を強制してはならず，信仰の自由は人権の基礎であることを説いている。これと並んで，「あなた方にはあなた方の宗教，私には私の宗教がある。」（クルアーン第109章第６節）も，イスラームにおける信教の自由の原則を説くものとしてよく引用される。実際，本書第２章に掲載したエジプト人学生に対するアンケートＱ４(3)の回答にもよく引用されている。

第３章
新学習指導要領におけるイスラームの学習内容と本書掲載の各実践

荒井正剛，日高智彦

新学習指導要領（中学校は平成29年，高等学校は平成30年告示）におけるイスラームに関する主な学習内容は表３-１（p.60）の通りである。中高の連携，分野間・科目間の連携を意識してカリキュラムや各学習内容を検討することが求められる。以下，引用は学習指導要領と同解説からのものである。

1．中学校

1-1　地理的分野

「世界各地の人々の生活と環境」で取り上げる「生活と宗教の関わり」の例として，ムスリムの生活と宗教との関わりがよく取り上げられている。本書の第４章では，教科書が取り上げている宗教的なきまりごとの理解に止めずに，ムスリムがそれをどんな思いで受け止めているか，その語りを取り上げた実践を紹介している。ムスリムの立場に立って考えることが異文化理解には極めて重要である。なお，本中項目では，イスラームを含む「世界の主な宗教の分布についても理解すること。」（内容）となっている。既述の通り，比率による分布だけではなく，実数による分布もとらえておくとよい。

第５章ではヨーロッパ州の学習で，シリア難民として多くのムスリムが流入してきた問題を通してEU統合について考えさせている。ヨーロッパ州の学習でイスラームを取り上げるのは稀であるが，EUが直面している問題を考える上で示唆に富む。このほか，アジア州の学習で，西アジアや中央アジアはもちろんであるが，東南アジアや中国のイスラームについて取り上げることが考えられる。中国とイスラームとの歴史的・文化的関わりの深さに生徒は驚くことだろう。

1-2　歴史的分野

高等学校で「世界史」が必修ではなくなり，また，新設の「歴史総合」が主に近現代史を取り扱うこともあり，中学校の歴史的分野で「ムスリム商人などの役割と世界の結び付き」が「近世の日本」に位置付けられた。

「ヨーロッパ人の来航の背景」は従来から内容の項目に挙げられていたが，その「背景」は「宗教改革」というヨーロッパの出来事をさしていた。これが，「アジアの交易の状況やムスリム商人などの役割と世界の結び付き」に置き換わった形である。高校世界史において，ここ30年ほどで大きく変化した記述内容が，ようやく中学校にも反映されたと見てよい。これに関連する実践を，本書では第6章と第7章で取り上げている。第6章では，ムスリム商人の活動だけではなく，イスラーム帝国の拡大による各地の文化交流の進展によってイスラーム文化が発展したこと，さらにそれが今日の私たちの生活ともかかわっていることに注目している。第7章では，生徒になじみのあるディズニーシーのアラビアンコーストを通して，アラブ人ムスリムに対するステレオタイプを認識させた後で，イスラーム帝国における文化を取り上げている。本実践は，公民的分野「私たちが生きる現代社会と文化の特色」における情報化の学習にも活用できる。

このほか，世界の三大宗教の起こりを取り上げることになっている。ここでは三大宗教の共通点に注目するとともに，キリスト教の「神」とイスラームのそれとが同じであることをとらえておきたい（アッラーは固有名詞（～の神）ではなく，アラビア語で「神」を意味することを含む）。このほか，戦後史における地域紛争や同時多発テロの学習でも取り上げられるが，それらは宗教の名を借りて行われることもあるが，実際には政治的利害や経済的格差などによることに気付かせたい。

1-3　公民的分野

公民的分野では直接イスラームを取り上げる内容はないが，最初の項目「現代社会における文化の意義や影響」で「科学，芸術，宗教などを取り上げ，社会生活とのかかわりなどについて学習できるように工夫すること。」としている。第８章では，総合的な学習の時間における講演会とも関連付けて，性・年代・出身国が異なるムスリムとの出会い（授業者が撮影したビデオを含む）を通して，ムスリムとの共生まで考えさせている。このほか，国際政治，人権学習などでも取り上げられる。

2. 高等学校の必履修科目

新学習指導要領で科目が再編され，「地理総合」，「歴史総合」，「公共」が必履修科目となった。まず「地理総合」においては，「生活文化の多様性と国際理解」が置かれている。この中項目では「世界の人々の特色ある生活文化」について事例を選んで設定し，「日本との共通点や相違点に着目し，多様な習慣や価値観などを持っている人々と共存していくことの意義に気付くよう工夫すること。」（内容の取扱い）としている。そして，生活と宗教の関わりについて，ムスリムを例に挙げて「その教えの基本的な部分において他の宗教と倫理的，道徳的な面での共通点も見られる。自他の文化を理解するに当たり，表面的な相違点を強調することは，その理解の妨げともなるので，その取扱いには十分配慮することが大切である。」（p.55：下線筆者）と述べている。第９章では，事前調査で多くの生徒が誤った認識・イメージを持っていたマレーシアを取り上げ，ムスリムの生活文化と，民族の多様性と共生を取り上げている。そして，その認識・イメージに揺さぶりをかけている。

「歴史総合」は，「現代的な諸課題の形成に関わる近現代の歴史」を，「近代化」・「国際秩序の変化や大衆化」・「グローバル化」の３つの変化の相に着目して学習する科目である。「B　近代化と私たち」「⑶国民国家と明治維新」では，「列強の帝国主義政策とアジア諸国の変容を理解する」ことが掲げられている。ここではパン＝イスラーム主義の意義について，「現代的な諸課題」と結びつけて学習することが可能だろう。「C　国際秩序の変化や大衆化と私たち」「⑵第一次世界大戦と大衆社会」では，「総力戦と第一次世界大戦後の国際協調体制について理解する」際，民族自決の原理が中東の人びとにとってどのような意味を持ったか，パレスティナをめぐるイギリスの多重外交などを「現代的な諸課題」と結びつけて学習することが可能だろう。「D　グローバル化と私たち」では，脱植民地化や冷戦・脱冷戦の過程における地域紛争を「現代的な諸課題」の形成と結びつけて学習することが想定されている。イスラームとの関わりでは，中東戦争，石油危機，パレスティナ問題，イラン・イラク戦争，湾岸戦争，アメリカ合衆国における同時多発テロとその後のテロリズムの拡大などがその対象となるだろう。

つまり，「歴史総合」においては，内容としては近現代史を題材に，イスラームを「現代的な諸課題」と結びつけて学習することになる。そうすると，イスラームは欧米に支配される対象として，またそれに暴力的に抵抗する人びととして扱われ，場合によっては，偏見を助長することになりかねない。しかし，工夫次第では，中東の地域紛争＝宗教対立としてとらえるステレオタイプを克服することもできるだろう。いずれにせよ，中学校歴史的分野におけるイスラーム学習との連携が重要となる。

「公共」では，イスラームを明示した内容は見られないが，最初の項目で，「伝統や文化，先人の取組や知恵に触れたりすることなどを通して，自らの価値観を形成するとともに他者の価値観を尊重することができるように」とあり，本項目などで取り上げることが考えられる。

3. 高等学校の選択科目

3-1 「地理探究」

系統地理的考察の「生活文化，民族・宗教」と地誌的考察において取り上げられる。地誌的考察の例として，宗教を地域区分の指標として「イスラーム諸国」を取り上げ，「対照的又は類似的な性格の二つの地域を比較して考察する方法」による展開として，サウジアラビアとトルコの比較地誌的考察を通して，イスラームが社会的・文化的に大きな役割を果たしてきた国々の共通点と相違点の考察が掲載されている。そして，「女性の社会進出や生活文化の多様性など，国際社会において，人類全体で取り組まなければならない国際理解に関する課題と持続可能な開発に向けた取組などについて理解することが求められる。」(p.109) としている。イスラーム諸国を取り上げた点は興味深いが，女性の社会進出について，取り上げ方を誤ると，ステレオタイプを助長する恐れがある。

3-2 「世界史探究」

これまでの「世界史A」,「世界史B」と同様，様々な単元で取り上げられよう。まず「B　諸地域の歴史的特質の形成」「⑶諸地域の歴史的特質」（ウ）で，西アジアと地中海周辺の歴史を取り上げ，イスラーム成立の背景とその特質，アラブ・ムスリムによる征服活動，イスラーム法に基づく国家体制，アッバース朝の下でのイスラーム文化の成長を取り上げている。「異なる宗教の共存に気付くようにすること。」（内容の取扱い）としている点に留意すべきである。

次の「C　諸地域の交流・再編」「⑵結び付くユーラシアと諸地域」（ア）で，アフリカ・アジアへのイスラームの伝播（経済・文化の交流を通じたムスリムの連携の維持，ムスリム商人とスーフィー教団の役割）をとらえ，諸地域へのイスラームの拡大の要因を考察する。続く「⑶アジア諸地域とヨーロッパの再編」では，オスマン帝国，イランのサファヴィー朝そしてムガル帝国の「イスラーム諸帝国が互いに交流しつつ繁栄したこと」,「支配地域の宗教的，民族的多様性を容認し，イスラーム法を柔軟に解釈して地域の実情に合わせた統治を行ったこと，繁栄の背景には国際商業の活発化に伴う交易の発展があったことに気付くようにする。」としている。そして，課題を設定した学習の例として,「あなたは，なぜ，近世の西アジアや南アジアでは様々な宗教や民族が共存できたと考えるか」を挙げている。

本書では第10章で，中世イベリア半島におけるキリスト教とイスラームの「併存」に着目した実践を紹介している。「対立」や「軋轢」とも両立が可能な「併存」として人々の交流をとらえる意欲的な実践である。解説が説く「主題を設定し，諸資料を比較したり関連付けたりして読み解き」ながら,「諸地域へのイスラームの拡大の要因」や「スペイン・ポルトガルの海上進出の要因」などを「構造的に理解する」ことに関わる実践と言えよう。

「D　諸地域の結合・変容」「⑶帝国主義とナショナリズムの高揚」では，帝国主義列強の世界分割に対してアジア・アフリカ諸地域がどう対応したのか，構造的に理解する学習が求められる。ここにおいて，アラブ民族主義の展開とその意義が扱われることになるだろう。

最後の「E　地球世界の課題」「⑷地球世界の課題の探究」では,「②経済格差の是正や経済発展」に関する主題の探究活動の例として,「中世イスラームの喜捨（救貧税）」などに関する資料を収集・分析することを挙げている。

3-3 「倫理」

宗教としてのイスラームについて，その社会的意義を考えさせようとしている。第一項目「現代に生きる自己の課題と人間としての在り方生き方」ではイスラームなどを「倫理的な観点を明確にして取り上げること。」（内容の取扱い）としている。そして，解説では「ムハンマドの言行などを適宜取り上げ」，「例えば，相互扶助や社会貢献が基本的な義務行為とされていることから」「共同体の在り方や人間相互のつながりについて」思索を深めることが示されている。イスラームの相互扶助や社会貢献は，人間としての在り方生き方を考える上で参考になる点が多いと思われる。なお，「ユダヤ教，キリスト教と共通する点も多いことに留意する。」とある。

もう一つの項目「現代の諸課題と倫理」では，文化と宗教などについて倫理的課題を見いだすことを通して，「異なる文化や宗教を持つ人々を理解し，共生に向けて思索できるように指導すること。」（内容の取扱い）としている。解説では，さらに「新たな文化の創造は（中略）他の複数の文化や宗教との接触によって生起するものであることを踏まえ，伝統や文化の継承や異なる文化や宗教の共生といった視点から現代における倫理的課題を見いだし，探究する活動が考えられる。」としている。現行の教科書では，イスラーム復興運動やイスラームをめぐる対立などが取り上げられているが，特定の立場を紹介するだけでなく，できるだけ多様なムスリムの声を聞くことによって，共生の視点を持たせるべきであろう。

3-4 「政治・経済」

「人種・民族問題や地域紛争」で取り上げることが考えられるが，現状から考えてもイスラームを取り上げる実践は，残念ながらあまりないであろう。

4. 高等学校における科目間連携，カリキュラム・マネジメント

既述のように，高等学校では複数の科目において，イスラームが取り上げられる。しかし，それぞれの科目を異なる教師が担当している現状からして，科目間の連携はいかがなものであろうか？　専門性の高い教師による授業が行われていながら，各科目で学んだ内容や見方・考え方が生徒の中にうまく統合さ

れていないのではないか。例えばムスリムとの共生を進めるためにどうしたらよいのか，総合的に考える場がなく，各生徒に任されているのが現状である。

本書では第11章で，現代社会の授業において，「地理」，「世界史」，「倫理」を組み込んだコラボレーションというユニークな試みを掲載している。東京学芸大学附属高等学校では，教科間・科目間連携，カリキュラム・マネジメントに取り組んでいる。その成果と課題は示唆に富む。

高等学校では卒業研究などと銘打った探究的な学習が行われている。本書では，その一例をトピックとして掲載した。この生徒の中には高等学校までの学習が統合されたと言え，こうした研究の機会が提供されることを期待したい。

表3-1　新学習指導要領におけるイスラームの主な学習内容と本書掲載各実践

分野・科目等	中項目名	取扱	本書
小学校社会6年	(3) グローバル化する世界と日本の役割	◎	
中学校地理	B (1) 世界各地の人々の生活と環境	◎	4
中学校地理	B (2) 世界の諸地域：アジア州など	○	5
中学校歴史	B (1) 古代までの日本：世界の古代文明や宗教のおこり	○	
中学校歴史	B (3) 近世の日本：世界の動きと統一事業	◎	6, 7
中学校公民	A (1) 私たちが生きる現代社会と文化の特色	○	8, (7)
中学校公民	D (1) 世界平和と人類の福祉の増大	△	
高校地理総合	B (1) 生活文化の多様性と国際理解	◎	9
高校地理探究	A (5) 生活文化，民族・宗教	◎	
高校地理探究	B (2) 現代世界の諸地域	○	11
高校歴史総合	B (3) 国民国家と明治維新	△	
高校歴史総合	D (3) 世界秩序の変容と日本	△	
高校世界史探究	B (3) 諸地域の歴史的特質	◎	11
高校世界史探究	C (2) 結びつくユーラシアと諸地域	◎	10
高校世界史探究	D (3) 帝国主義とナショナリズムの高揚	○	
高校世界史探究	E (3) 地球世界の課題の探究	○	
高校公共	A (1) 公共的な空間を作る私たち	○	11
高校倫理	A (1) 人間としての在り方生き方の自覚	◎	11
高校倫理	B (2) 社会と文化に関わる諸課題と倫理	○	11
高校政治・経済	B (2) グローバル化する国際社会の諸課題の探究	△	

中項目名：頭のアルファベット・数字は，学習指導要領の「内容」に付されているもの。
取扱：イスラームに関する内容が取り上げられる可能性：◎はかなり高い，○はふつう，△は可能性あり。本表では，比較的取り上げられやすそうな単元のみに絞っている。
本書：数字は第Ⅱ部の章を示す（複数掲載有）。

第4章

ムスリムの思いを通して寛容的な態度を育む授業

――中学校地理的分野「世界各地の人々の生活と環境」――

✤篠塚昭司✤

1. 本授業実践の趣旨・ねらい

「いらっしゃいませ。」「ありがとうございました。」……近年，コンビニやファストフード店などを利用すると，外国人アルバイトのたどたどしい日本語で挨拶をされる機会が増えてきた。また，修学旅行などで観光地を訪れると外国人観光客の多さに驚かされることも多々ある。実際，日本に住む外国人数と日本に来る外国人観光客数は，どちらも近年増加の一途をたどってきた上，さらに今後も出入国管理法の改正や東京オリンピックの開催により，その数は急増していくであろう。このようにグローバル化が急速に進む日本で，彼ら外国人とどう共生していけば良いのだろうか，また彼らが持ち込む異文化とどう共存していけば良いのだろうか。

そこで，本校社会科ではこれらの問題の解決を目指し，イスラームを題材とした授業を実践することとした。なぜなら，イスラームは，お墓参りや節分など日本人の生活習慣と密接に結びついた仏教，クリスマスやハロウィンのように日本の行事に溶け込んだキリスト教と比べ，なじみが薄く未知の部分が多いため，世界三大宗教の中でも共生・共存が最も難しい宗教と思われるからである。また，一般的なムスリムをテロの実行部隊であるイスラーム過激派組織と混同する生徒も多く，イスラームに対する誤解や偏見は根深いことも事実である。そのため，この「なじみが薄く未知の部分が多い宗教」,「誤解や偏見が根深い宗教」であるイスラームを理解する力を養うことができれば，他の宗教や様々な民族を理解することに繋がるのではないだろうか。このような思いをもとに，以下のような3年間のイスラーム学習を計画した。

〈本校71回生（2017年度入学生）のイスラーム学習〉
3分野共通目標：イスラーム等，宗教への寛容的な態度を育てる。
（1）2017年度 中学校第1学年地理的分野「世界各地の人々の生活と環境」
目標　・イスラームと生活の密接な関係に気付かせる。
　　　・主な宗教の分布を地図から正確に捉えさせる。
（2）2018年度 中学校第2学年歴史的分野「近世の日本」
目標　・日本人が持つ典型的なイスラーム観の形成過程に気付かせる。
　　　・世界の科学や文化等の発展へのイスラームの貢献を理解させる。
（3）2019年度 中学校第3学年公民的分野「私たちと国際社会の諸課題」
目標　・ISの存在とイスラームの関連について気付かせる。
　　　・パレスチナ問題を理解させ，国際平和の実現について考察させる。

地理的分野「世界各地の人々の生活と環境」では，学習指導要領によると「世界各地の人々の生活の様子を考察するに当たって，衣食住の特色や，生活と宗教とのかかわりなどに着目させるようにすること。その際，世界の主な宗教の分布について理解させるようにすること。」とされている。

そこで，単元の学習課題を「なぜ，世界各地の人々の生活と日本人の生活には違いがあるのだろうか。」とし，本授業実践では子供の関心が高いマクドナルドのインドネシア店を題材として取り上げた。ここで設定した「なぜ，世界には昼間に営業しないマクドナルドがあるのだろうか。」という学習課題を解決していく過程では，インドネシア店にある礼拝部屋，ハラールマーク，絵本販売（喜捨），ヒジャブ，ラマダーンといった具体的事例から，生活と密接に関連したイスラームの姿を捉えることができる。また，このような店の形態のマクドナルドが南アジアや東南アジアに多いことから，ムスリムは乾燥地域よりもこれらの地域に多く分布していることに気付くことができるからである。

さらに本時の展開では，「世界に約17億人いるムスリムはイスラームのきまりをどう思っているのだろうか。」といったムスリムの心情を考察する問いを投げかけることで，宗教への寛容的な態度を育む第一歩となることを目指した。

本実践は2017年９月，中学１年生に実施したものである。

2. 授業の実際

2-1　本時の展開

学習内容	おもな学習活動と予想される生徒の反応	おもな資料	指導上の留意点
1．導入 多国籍企業	T：多国籍企業のマクドナルドは，世界中に支店がある。これらのハンバーガーや店舗はどこの国の支店だろうか。 S：（スライドを見ながら答えを予想する。） T：最後の１枚は，昼なのに営業をしていないマクドナルドの店内だ。	スライド① 「世界のマクドナルド」数枚 スライド② 「インドネシアのマクドナルド」	・本時の学習への関心を高めるため，自由な発想，根拠を持った予想を促す。
【本時の学習課題】「なぜ，世界には昼間に営業しないマクドナルドがあるのだろうか。」			
2．展開① イスラームと日常生活 （礼拝，食の禁忌，喜捨，女性の服装，断食）	S：白夜の地域。 S：店員がスト。 S：反対に，店員が全員クビになった。 S：断食の国。 S：牛肉だめな国。 T：では，同じ店内の様子を写した４枚の写真をヒントに，答えを考えていこう。		・自由な発想を求めつつ，ここまで学んできた世界各地の人々の生活と環境の学習や地図帳，教科書など手元の資料も根拠にした，答えの予想をさせる。
	S：（スライドを見ながら答えを考察する。） S：イスラームの国だ。	スライド③ 「礼拝部屋」 「ハラールマーク」 「絵本販売（喜捨）」 「女性店員の服装」	・４枚のスライドから，昼間に営業しないこととイスラームの関連に気付かせる。
	S：（スライドの内容を深めるため，ムスリムの人々の生活の様子をあらわす動画を鑑賞する。）	動画① 「礼拝の様子」 「女性の服装」 「断食の様子」	・動画から，日常生活と深く関わる礼拝や，服装が地域によって異なることから，イスラーム

	S：ラマダーンという断食の時に，昼間に営業しないマクドナルドがあることがわかった。		の寛容性に気付かせる。 ・動画から断食適用除外例にも気付かせる。 （子供や病人，日中，1か月）
2. 展開② ムスリムの分布の特色	T：地図帳を見て，世界一ムスリムが多い国，多い地域を調べよう。 S：ムスリムが最も多い国はインドネシアだ。 S：多い地域も南アジアから東南アジアにかけてだよ。 S：最も多いのは西アジアでないんだ。	地図① 各宗教の信者数 地図② 世界の宗教分布 地図③ 人口比による ムスリム国別分布	・ムスリムは乾燥地域よりも南アジアから東南アジアに多いことに気付かせる。 ・日本のムスリム人口も捉えさせる。
2. 展開③ ムスリムの思い	T：世界に約17億人いるムスリムはイスラームのきまりをどう思っているのだろうか。 S：（ムスリムの立場になって，イスラームの決まりに対する思いをワークシートに書き込む。） T：では，皆さんの予想した思いと，本当のムスリムの思いに違いがあるのか，文章と動画で確認しよう。 S：（ムスリムの思いを動画で見る。）	文章 ムスリムの話Ⅰ 動画② ムスリムの話Ⅱ 「断食への思い」 「過激派への思い」	・決まりに対する自分たちの予想と，実際のムスリムの思いを比較することで，イスラームに対する理解を深める。
3. まとめ	T：イスラームについて思ったこと・考えたことをまとめ，発表しよう。		・授業の前後でイスラームに対する思いが変化したかに留意させ，ワークシートに授業の感想を書かせる。

（T：教師，S：生徒）

2-2　授業で活用したワークシートの資料

なるほど・THE・ワールド　NO.23

「ムスリムの思い」～宗教

1　マクドナルドに見るムスリムの決まり

（旅行記『http://4travel.jp/travelogue/10471300』などより）

①断食
ラマダーンの時，昼の営業をやめるマクドナルド
（インドネシア）

②礼拝
マクドナルドの店内にあるお祈り場所と身体を清める水道
（インドネシア）

③喜捨　マクドナルドでオリジナルの４種類の絵本（約 165 円）を購入すると，全額恵まれない子どもたちへ寄付される。（ＵＡＥ）

④ハラール
食べることが許されている食材マーク（ハラールマーク）がついたバーガー
（マレーシア）

⑤女性がかぶるヒジャブ
女性は顔と手以外を隠し，親族以外には目立たないようにしなければならない
（エジプト）

2　ムスリムのくらし
（片倉もとこ『アラビア・ノート―アラブの原像を求めて―』NHKブックスなどより）

礼拝について
「一回の祈りに要する時間が，五分前後であるし，（中略）気分転換になる。」
「習慣化していて，やらないと気が済まない。神様と話している。」

断食月（ラマダーン）について
「食べるもののない貧しい人の気持ちがわかってくる。」
「金持ちも貧しい人も，王様も乞食も，だれもかれもがみな腹ぺこでいる。」
「この楽しかったラマダーンがもう終わってしまうのか。もっと長く続いてほしい。」

女性のベール着用について
「ベールを付けていると，（中略）こちらの顔は見えていないという安心感があって気が楽なんです。」
「きちんとした印象を与え，同時に若く，かわいらしく見える。」
「貧富の差も美醜も隠すのに都合がよい。逆に，それぞれ違う身なりをしている男性のほうが，女性から観察されているようだ」

飲酒禁止について
「『弱い人間』に酒をのませると，なにをしでかすかわからない。酒を飲ませておいてあとで酔払い運転をとりしまるよりは，さきに禁酒ということにしておけば，社会の秩序は保たれる。」

喜捨について
「病人，貧しい人，高齢者などの人に対しては，無条件に手を差しのべることが，イスラーム的義務であるとされる」

3　世界の主なムスリム人口分布
（『ハラル・ジャパン協会』ＷＥＢ　より）

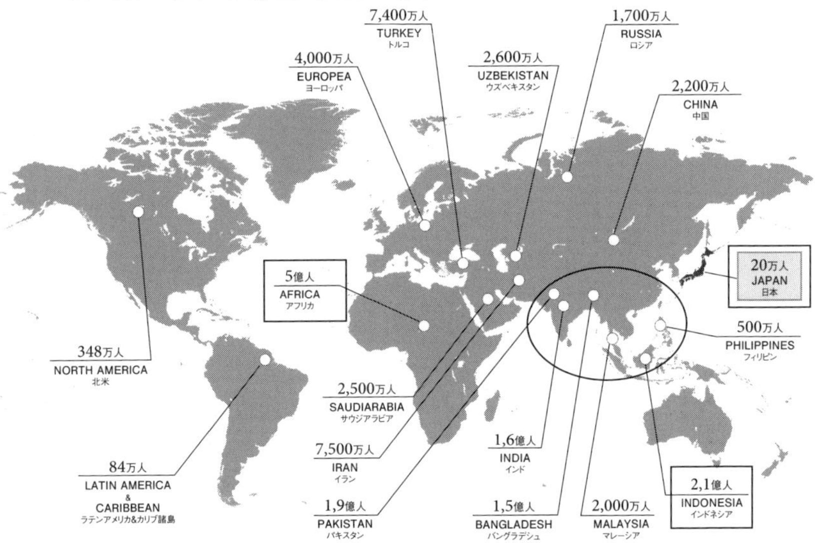

2-3 評価

・イスラームと生活の密接な関係を追究する本時の学習課題に意欲的に解決に取り組むことで，宗教への寛容的な態度を養えている。
（関心・意欲・態度／ワークシート・討論観察・ノートの感想意見）

・イスラームをはじめとする宗教の分布や生活との関わりなどを理解している。
（知識・理解／ワークシート・次時の復習テスト・ノートの感想意見）

3. 生徒の学び

ワークシートの記述内容は以下の通りである[(1)]。括弧内数字は回答数を示す（対象生徒数92名）。

3-1 「ムスリムは，イスラームの決まりをどう思っているのだろうか？」
（展開③で行った問い）に対する生徒の予想

①ムスリムの断食に対する思いを想像して書いた生徒

・つらい，たいへん（8）
・水くらい飲んでもいい（4）
・体に負担がかかる（2）
・なくすべき（1）
・あまり好まない（4）
・子どもの成長のため良くない（3）
・いつか死人が出るかもしれない（1）

②ムスリムの礼拝に対する思いを想像して書いた生徒

・面倒，たいへん（16）
・回数が多い（減らすべき）（4）
・朝早いのは無理（3）
・それで罪を許されるのならお安い（3）
・回数を増やしたい（1）
・お祈りすることは良いこと（1）
・面倒だと思わない（1）
・その時間をボランティアなどで困っている人を助けた方が良い（1）

③その他，イスラームに対するムスリムの思いを想像して書いた生徒

・習慣だから，あたり前になっている（23）
・厳しい（面倒くさい）（16）
・信じるからがんばる（苦ではない）（7）
・不自由だ（生活が縛られる）（6）
・神には逆らえない（神はすばらしい，神は1人）（4）
・人々に幸福を与える（1）
・貧しい人や旅人に優しい（1）
・喜んでやっている（1）
・ストレスがたまりそう（1）
・押し付けるべきではない（1）
・喜捨はいいこと（報われたい）（10）

- やらなければ罰が与えられる (2)
- 決まりだから仕方ない (1)
- いやだ (2)
- コーランに書かれていることは絶対である (1)
- 自分たちのためにやっている (2)
- ほこりに思っている (1)
- 良いことをしている (2)
- とても大切なこと (1)
- 他人を大切にしている (1)
- 喜捨は嫌だ (1)
- ベールは (夏は) 暑い (5)
- 女性は決まりをどう思っているのか？ (1)
- ベールは個人の自由を奪っている (1)
- ベールは嫌だ (1)
- 豚肉を食べられないのはつらい (嫌だ，よくない，食べたい) (7)
- 飲酒したい (1)
- 巡礼はお金がない人は行けない (1)

3-2 授業後，ワークシートに書いた生徒の感想・意見・疑問

①イスラームに対する全般的な感想・意見

- 悪いイメージがなくなった (偏見をもっていたことがわかった) (38)
- イスラム教の人々を誤解していた (日本人が誤解していた) (13)
- イスラム教徒＝過激派ではないことがわかった (9)
- 悪い人ばかりではないとは思っていたが，それが納得できた (3)
- 自分たちのことをもっと理解してほしいと思っている (3)
- 過激派のせいで困っていることがわかった (1)
- もっとイスラムの人たちの気持ちを分かってあげられんじゃないか (1)
- どんな宗教にも必ず「優しさ」がある (1)
- 詳しく知れた (1)

②ムスリムに対する感想・意見

- 他人にすごく優しい，思いやっている (23) (おもてなしの心 :6，旅人に優しい :3)
- 優しい人が多い (9)
- 人々に対して平等に寄り添っている (5)
- 義務を守っていてすごい，尊敬する (6)
- 習慣化して身に付いていて，すごい (4)
- つらくてやっているのではない (やりがいを感じる，成長のため) (4)
- まじめ (4)
- 慣れてしまっている (3)
- いい人ばかり (2)
- 5回のお祈りをちゃんとやるのはすごい (2)
- 習慣化してしまったことは，やらないと気がすまなくなるんだな (1)
- 決まりに対して，前向きにとらえていることがわかった (1)
- 心豊か (1)
- 礼儀正しい (1)
- 食べ物を分けてあげることなど，とても驚いた (1)
- 人助けをしている (1)
- 清い心を持つ (1)
- しっかり者が多い (1)
- 人々にとっては大切なこと (1)
- 精神力も鍛えていて，すごい (1)

・神を大切にしている(2)
・断食はすごい(1)
・1日断食してみたいように思えてくる(1)
・多少つらくてもよい行いをすることはいい(1)

③イスラームの教えに対する感想・意見

・貧しい人や困っている人を助ける決まりは素晴らしい(10)(日本も貧困な人が多すぎるので，日本でも実現してほしい)
・みんな平等にしようとしている(1)
・決まりのおかげで社会がつくられている，安心して生活できる(2)
・正しい道を示しているようないい宗教(1)
・教えが優しくて良い(6)
・(断食や女性の服装)思いやりが具体化したきまりだ(5)
・女性を大切にしている(2)
・人殺しや自殺をしてはいけないという教えは良いこと(1)
・(おもてなしの精神など)日本と似ている(1)

④イスラームのイメージに対する感想・意見

・ニュースは悪いイメージしか伝えていない(3)(もっといい部分も伝えてほしい)
・一部の人だけで判断してはいけない(1)
・母がイスラム教は良い宗教だと言っていたことが本当だと思った(1)

⑤3年後の東京オリ・パラに向けた感想・意見

・設備を整えないといけない(1)
・もっと知り，お互いが分かり合えたらよい(1)
・2020年，日本のいいところをたくさん教えてあげたい(1)
・2020年，イスラームが増えると，過激派が紛れてそうで少し怖い(1)

⑥宗教全般に対する感想・意見

・宗教はみな人の命を大切にしている(1)
・どうも宗教は好きになれない(1)

⑦イスラームに対する否定的な意見・感想・疑問

・いろいろな決まりがあって，難しい(5)(美しい部分を隠していたら結婚できないのでは？)
・いやだ(美しい部分を隠す，好きな物が食べられない，断食)(1)
・イスラム人じゃなくて良かったと少し感じる(1)
・断食は飲んでもいけないと知り驚いた(1)
・宗教の押し付けは良くない(1)
・信仰告白は洗脳とも解釈できる(1)
・なぜテロを起こすのか？(1)

4. 授業実践を振り返って

4-1　成果

本実践では，生徒になじみのあるマクドナルド「インドネシア店」の写真から，「なぜ，世界には昼間に営業しないマクドナルドがあるのだろうか。」という学習課題を設定し，イスラームについての興味・関心を高めた。また，その追究過程では，イスラームの五行，ムスリムが行うべきことの適用除外例，その生活の地域的多様性やムスリムの分布など，宗教を多角的・多面的にとらえさせる資料を用いることで，学習課題の解決を目指した。課題解決後，「ムスリムは，イスラームの決まりをどう思っているのだろうか？」との新しい学習課題を設定・予想し，文章と動画によるムスリムの語りから，自分たちの予想を検証していく構成とした。果たして，授業前と後でイスラームに対する生徒の認識はどのように変化したのだろうか。

例えば，「ムスリムは，イスラームの決まりをどう思っているのだろうか？」の問いに対し，調査対象者92名中，共感的な回答が38名，否定的な回答が36名と半々に分かれた。両面に触れた生徒も16名いた。全体的に見て，礼拝や断食などの義務については否定的で，当人たちには当たり前でも，自分は面倒で嫌という感情が見られていた。しかし，それがムスリムの語りを聞いて，考えが大きく変わっていった。実際，各生徒の回答を好意的，否定的，中間的に分けたところ，好意的な回答が92名中80名にも上り，否定的な回答はわずか4名に止まったのである。ほか，中間的な回答が6名，判読不能が2名であった。

すなわち，「悪いイメージがなくなった」，「偏見をもっていたことがわかった」，「イスラム教徒＝過激派ではないことなど，イスラム教の人々を誤解していたことがわかった」という回答が3分の2近くに達している。また，「おもてなしの精神」，「貧しい人を助ける」，といった優しさについて約3分の1の生徒が反応している。当初は厳しいなどと否定的に受け止められた決まりについても，人を助ける決まりを知って素晴らしいと考えるようになったり，決まりを守っていることについてもすごいと感じるようになったりした。なかには断食や女性の服装について，ムスリムの解釈に沿った回答も見られ，報道の一面性に言及した回答も見られた。

このように，イスラームと生活の密接な関係を追究する本時の学習課題に意欲的に解決に取り組むことで，宗教への寛容的な態度を養う，イスラームをはじめとする宗教の分布や生活との関わりなどを理解する，という２つの目標はおおむね達成できたと考えられるだろう。

4-2　課題

一方，生徒の感想を見ると，ムスリムの話を聞く動画(2)の効果がたいへん大きい，ある意味では大きすぎたことがわかる。今まではマス・メディアなどを通して，「イスラームは危険だ」と何となく感じていた生徒の大部分が，「ムスリムの話を聞くと，イスラームは良い宗教だと分かった。」と答えている。これは，ある意味で別の情報に左右されたと言えるだろう。やはり，動画などの資料を活用する際には「動画で語った人の話は本当に正しいのか，ちょっとまてよ，他に考え方はないのか。」や「ニュースの内容ともう一度比較してみよう。」などと，批判的思考力を働かせることの必要性を感じた。

いずれにしても，ムスリムの言説を取り上げることの重要性は否定できない。すなわち，ムスリムの生活の特色を知ることよりも，それについて当のムスリムがどう思っているか，それをとらえないと表面的な知識となって，かえって異文化理解を妨げることになってしまいかねない。情報は多面的・多角的にとらえる必要がある。それを改めて実感させられた実践となった。

[注]

（1）『ムスリム理解を促す社会科地理学習の在り方』2015～2016年度特別開発研究プロジェクト研究報告書．東京学芸大学，2017.3，pp.41-48の分類による。

（2）テレビ朝日系列『池上彰ニュースそうだったのか!!―宗教とは何か!?』（2016年８月13日放送）。

資料出典
ワークシート[1]
①断食：じゃかナビ〈http://www.jakanavi.com/tips/195/〉
②礼拝：留社会人日記〈https://crs-one.com/diary/bali-surf/3896.html〉
③喜捨：ドバイ経済新聞〈https://dubai.keizai.biz/photoflash/45/〉
④ハラール：写真提供 misachasu.com
ハラール認証マーク：JAKIM（マレーシア・イスラーム開発）〈https://apps.halal.gov.my/〉
⑤ヒジャブ：アスワン旅行記〈https://4travel.jp/travelogue/10471300〉
Types of Traditional Muslim Headgear：Wikicliki〈http://dbbd.sg/wiki/index.php?title=Types_of_Traditional_Muslim_Headgear〉
ワークシート[3]
ムスリムの人口分布：ハラル・ジャパン協会〈http://www.halal.or.jp/halal/halal2.html〉

第5章

移民・難民問題の視点から
イスラームの理解をめざす授業

――中学校地理的分野「統合を強めるヨーロッパの国々」――

✤上園悦史✤

1. 本授業実践の趣旨・ねらい

EUについては各社の教科書に国家間の結びつき・統合を強めていることが掲載され，しばしば報道もされ，生徒の知的好奇心をそそりやすい題材である。特に離脱をしたイギリスでは，国民投票のときにポイントになっていたのは移民の問題であった。シリアなど中東からの難民の受け入れについても，EU加盟国内での対応に差があるのが現状である。最大の受け入れ国のドイツでさえ移民排斥運動が台頭し，セルビアとの国境を封鎖したハンガリーなど，難民受け入れ政策の見直しの声と共に極右勢力の台頭著しい中，これまで結束を維持してきたEUは危機を迎えている。そしてシリアからの難民の多くがムスリムであることは，少なからず欧州社会の対応に影響を与えていると考えられる。確かに数は少ないが，ユダヤ教徒もキリスト教徒も中東の地にいまだに生活をしているが，ムスリムを憎んだり，ムスリムもまた中東に根付いたキリスト教徒やユダヤ教徒と衝突したりすることなく，互いに敬意を払っている。にもかかわらず欧州社会に移民あるいは難民として流入してくるムスリムへの不寛容の態度はどこにその原因があるのだろうか。そこで本単元を構想するにあたり，イスラームを例にしながら，異なる文化への理解と包摂の態度を涵養するという視点からヨーロッパ社会における難民の問題を取り上げることにする。

①欧州の地域的多様性や地域格差を踏まえて考察する力を育成するとともに，社会のあり方を考える機会となる。

②EUの存在価値が問われるような問題に直面し，意見が対立している問題を取り上げることは，双方の意見に耳を傾け，自分なりの考えを多面的・多角的に捉える必要性を実感させやすい。

③難民の受け入れをめぐるジレンマ状況は，生徒の感性に訴えやすく，その対応のあり方を多面的に考えることの重要性を捉えさせやすい。特にムスリムとの共生を阻む社会的な障壁の問題，難民を受け入れる国・地域が抱える問題など，様々な切り口からこの問題を考察し，グローバル化する世界における市民性のあり方を生徒達に問いかけることを目指す契機となる。

なお，本実践は2018年３月，中学１年生に実施したものである。

2. 授業の実際

2-1　単元の特性（単元設定の理由）

①教科からみた特性

欧州で社会問題化しているシリアなど中東からの難民問題について，国境の審査をなくし，ヒトやモノの移動を流動化させることで経済的な利益を優先させてきたEUであるが，国境封鎖という実力行使に踏み切る事態が増加・長期化することは欧州統合に逆行するだけでなく，経済的な損失も大きいといえる。また，人道的な問題への対処についてのジレンマ状況は，生徒に何が問題なのかを容易に感性に訴えやすく，その対応のあり方を多面的に考えることの重要性を捉えさせやすい。

②汎用的スキルや人間性の観点からみた特性

・汎用的スキル（批判的思考力・調整力）

国家を超えた結びつきをなぜ強めようというのか，今日，難民問題への対処などその存在価値が問われるような問題に直面し，分裂か統合の維持か，欧州国内でも二分した意見が対立している。その意味で国家間統合の意義を批判的に考察させやすい。

生徒の間でも意見が割れることが予想され，それをどう調整していったらよいか考えるきっかけにもなり得る。

・人間性（他者に対する受容・共感・敬意，好奇心・探究心，より良い社会への意識）

EUについては現実社会においても様々な立場・意見が混在している。そうした多様な意見や価値観に直面させることは民主主義的に決めることを学ぶ良い機会ともいえる。

2-2　単元目標

・ヨーロッパ州が一つになろうとする過程を学習することにより，ヨーロッパ州の地域的特色を歴史的・政治的・文化的・経済的視点から幅広く考察する。

・EUが抱えている問題を，加盟各国の地域的特色の違いや，難民問題など域外諸国との関係から捉えるとともに，グローバル化するリスクの様相を捉える。

・地域統合を強めるEUの取り組みについて，リスクと公益性の観点から考察し，より良い社会の実現にむけて自らの価値認識を問い直す。

2-3　単元の指導計画（全5時間）

時間	主な学習活動（時間数）
第1時	・ヨーロッパ州にはどのような自然環境，民族，宗教，言語が分布し，多様性があるかに着目させ，ヨーロッパの地理的特色を歴史的・民族的・文化的な視点から捉える。
第2時	・ヨーロッパの統合，統一通貨ユーロの流通が始まり，人や物の流れが活発化し工業が発展したことを踏まえ，一方で地域格差が広がっていることなどを捉える。
第3時	・EUの拡大による利点と問題点について，財政危機をまねいたギリシャへの支援をめぐる各国の思惑を考察し，自分なりの考えをまとめさせる。
第4時	・イギリスのEU離脱の動きを例に，外国人の支援のために使われる負担が増えるなどの問題が起きたことや，宗教や文化が異なることに注目させる。 ・ドイツはEU最大の工業国に発展し，地中海沿岸諸国から多くの外国人労働者を受け入れてきたことを踏まえ，移民の力が経済の発展に寄与したことをつかませる。
第5時 本時	・難民として生活している人たちの中に，受け入れ先の国や社会に溶け込めない，拒否される，嫌がらせを受けるなどの被害にあっている事例を取り上げる。 ・イスラームへの理解の不足や非寛容な態度の根源にあるものについての議論がなされていくことを期待する。

2-4　本時「イスラームとの共生の視点から難民問題を考える」

〈本時の目標〉

・難民問題を取り上げたドキュメント番組を視聴し，難民を受け入れる国がその受け入れをめぐって意見が対立している状況を把握し，その問題点をつかむことができる。【資料活用】

・難民の受け入れを拒否させるものは何が要因として考えられるのか，グループ内で話し合い，お互いに意見交換をして理解を深めることができる。【思考・判断・表現】

・難民の多くがムスリムであることを知り，キリスト教を基盤とするヨーロッパ社会との共存・共生の難しさや課題を考え，自分なりに意見をまとめることができる。【思考・判断・表現】

〈評価規準〉

・難民問題をめぐってEU各国の対応の違いがあることをふまえ，その問題の改善にむけて取り組もうとすることができる。（関心・意欲・態度）。

〈学習指導過程〉

時配	学習内容と活動	指導上の留意点・評価
導入 ５分	**写真資料「海を越える難民の親子」** ・地中海を決死の覚悟で渡ってくる難民の親子を写した写真を見てわかることを列挙する。 ・難民の問題は急迫の事態で命に関わる問題であることに気づく。	★ヨーロッパへ流入する難民の置かれた立場に共感する態度をもつことができたか。
展開 40分	**映像資料「密着シリア難民」** 難民が地中海を越えてギリシャからEU各国へ流入してくるなかで，EU諸国が難民の対応に苦慮していることを理解する。難民受け入れのメリットとデメリットを考えさせる。	★期待したいこと **・メリット**：道理的な責任，国家としての信用力の向上，将来の貴重な労働力 **・デメリット**：多額の税金が難民のために使われる，偽装難民がいる，犯罪やテロを助長する
	EUとしては，難民を受け入れる姿勢を表明しているが，市民のレベルでは，難民と一つに結びついているのだろうか。	
	一枚岩ではないドイツ国民 ・ドイツの状況を理解する。（年間，人口の1%にもあたる80万人の難民を受け入れることや難民収容施設で発生した暴力事件などからメルケル首相への	・難民を「問題」とする視点のなかで，人権を守るという姿勢や人権という価値観を基盤として難民の問題を考察することは，イデオロギーの対立に揺さぶられることなく，人種・民族・宗教

	批判が起きてきていること） ・暴動は犯罪だからそれは認められない ・移民が差別されているからその反発も起きている ・難民の多くはムスリムでキリスト教徒と対立する ・EU における自由な人の移動はヨーロッパ人だけのものか	の違いを超えた普遍的な価値を守る姿勢を生徒たちに育む機会となることを期待したい。 ・難民の受け入れ体制を整える以前に，発生原因となっているシリアの紛争解決に向けての取り組みが急務であると指摘する声も予想できる。
	多くがムスリムである難民と EU との「共生」「共存」は可能なのか。（グループの話し合い）	
	写真資料 ロンドン市長にムスリム スカーフを着用するサッカー選手 欧州のイスラーム人口比率予想 対立するいくつかの意見を発表し，現段階での最もよいとおもうアイデアをグループで話し合い，結果をホワイトボードに記入する。	・努力だけでは問題は解決しない。 ・文化や宗教が違うのだから対立は簡単には解決しない。
まとめ 5分	グループ討論学習「イスラームとの共生・共存は可能なのか」 ・8 班のすべての意見を掲示する。 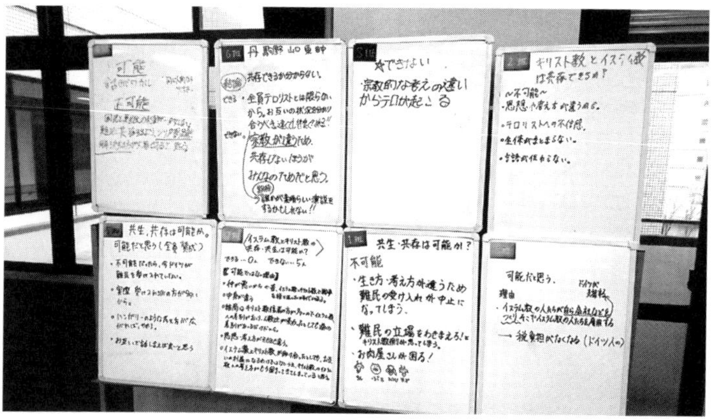	★難民問題の解決の難しさを改めて感じ取ることができる。

3. 生徒の学び

本実践の主眼は，移民・難民の問題に着目しながら，ヨーロッパ社会が異なる人種・民族・文化が共生していくための課題や問題点を浮き彫りにすることにある。ヨーロッパに流れ込むシリアからの難民の中の相当多数をイスラームの人々が占めている。こうした事実は難民の受け入れ側にとっていかなる課題を投げかけているのか。そこに宗教の違いというものが「受け入れる」と「受け入れがたい」理由のどちらの選択により強く影響を与えているのか。そうした視点から討論をすることによって，あらためてイスラームとヨーロッパ社会との相克の状況を生徒たちに気づかせる契機とする。言い換えれば“多様性の理解”の視点から異なる文化としてイスラームをどのように捉えることがよいのか，その問題を問うていくことでもある。この多様性を理解するという点については，例えばユネスコの「文化的多様性に関する世界宣言」の第3条には「文化的多様性は，単に経済成長という観点からだけ理解すべきではなく，より充実した知的・感情的・道徳的・精神的生活を達成するための手段として理解すべき，発展のための基本要素の1つ」として捉えることの重要性が書かれている。つまり，21世紀の社会に必要な知的志向性の底流には，多様であることは社会全体が発展することである，というポジティヴな捉え方が大切であると述べている。それでは異なる文化的対象としてのイスラームを生徒たちはどのように本授業実践から捉えたのか，その学びの軌跡から検証を行うことにしたい。

〈グループ討論の記録〉　　（下線筆者）

	共存することは不可能	共存することは可能である
1班	生き方や考え方が違うため，難民の受け入れそのものが中止されてしまう。 難民の立場をわきまえろ！とキリスト教の側が思ってしまう。	
2班	思想や考え方が違っているため。テロリストへの不信感がある。全体的にまとまらない。言語が通じない。	
3班		ムスリムの人たちが自ら会社などをつくり（それを受け入れ国が支援する），そこでイスラームの人たちを雇用すればよいと思う。 税負担がなくなる（ドイツにとって）。
4班	国民と難民の割合が一致しない。 難民の受け入れによる共存の道を探る	同じ人間同士のつながりがある。 話し合いによる解決の道がある。

	よりも，シリアの混乱状況を解決するほうが優先である。	
5班		もし共存することが不可能であれば，今現在もドイツが難民を受け入れることをしないだろう。 実際に難民を受け入れるという人の数の方が（受け入れない人よりも）多い。 ハンガリーのような（国境を閉鎖する）考え方が広まってきたら，（難民の受け入れを）やめる。お互いに話し合いによる解決ができる。
6班	※共存できるかどうかはわからない 難民のうち全員がテロリストであるとは限らないから，お互いの状況をわかり合うべき。地理的に遠くても仲良くなることはできる。 ※共存はできないという考え 宗教が異なるので，共存しない方がみんなのためである。	
7班	両者の関係が良くないから←過去にイスラームとキリスト教との間で戦争をくり返してきた時代がある。 中身が違う←結局はキリスト教信者の方が多いので，イスラームへの差別が起こり，人数比で変わったとしても，逆の差別があるだけである。 イスラームとキリスト教が助け合ったとしても，お互いに利益になるわけではないうえに，キリスト教のイスラームへの考え方が固まってきてしまっていると思う。	
8班	宗教的な考えの違いから，テロが起きる。	

〈生徒たちのイスラームとの共生・共存についての考え〉

グループ討論の結果を見ると，希望を持てない悲観的な意見が多いことがわかる。特に共存・共生が不可能である理由として，イスラームの宗教の教義や独特の儀礼のあり方が，受け入れる国と“違う”ことを理由として挙げた班が半数を占めた。他の意見としては，偽装難民の流入を懸念するものや，難民が生み出されているシリアの安定という根本的な解決を急ぐべきというものもあった。およそ多くの生徒たちの感想からは，異なる文化どうしが共存しあう関係には，互いの“住み分け”が必要ではあるが，“社会全体の利益”にはつながらないというような，異なる他者の存在を受け入れることが多様な社会へとつながる何らかの価値を見出すことなく，むしろ悲観的に捉えている点である。また，特定の人種・民族に対する排斥の動きについても，自文化（ヨーロッパの場合はキリスト教）への優越を保持しようとすることへの問題意識の欠落が見受けられ，文化を相対的に捉えようという意識が薄いということがいえる。

一方，共生が可能であるという立場からは，宗教の“違い”を根拠とした意見は見あたらず，むしろ受け入れる側のメリットとして，「（イスラームの人々が起業を支援することで）多様な社会が生み出される」「（難民も国民の一人として働くので）受け入れる側の税の負担は少なくなる」を挙げていた点に注目したい。難民という立場の違い，イスラームという宗教の違い，そこには言語，習慣など多くの違いはあるけれども，何か共通のプラットフォームを模索しながら，共存・共生の道を模索することへの理解と寛容の精神が見受けられる。ただし，現実の課題となるイスラームへの差別や排斥運動，テロの脅威といった問題については，「ハンガリーのような（国境を閉鎖する）考え方が広まってきたら，（難民の受け入れを）やめる」といった，現状の課題を打破できないもどかしさも感じているともいえよう。

もちろん，否定・肯定のそれぞれの立場は両者ともに共存・共生のあり方を模索した結果であるため，どちらが正しいというものではないが，文化という衣食住，言語・制度・伝統（社会文化），思惟方法や行動様式，民族性といった要素の違いに着目した時に，“違う”ものどうしは“共存・共生できない”という認識が生徒たちの中にかなり強く働いていることが明らかとなった。この意識のあり様を社会科の学習の課題として引き受けた場合，中学校の地理的分野・歴史的分野・公民的分野のそれぞれの関連する単元においても異なる文化，民族をもった集団との共生をどのように扱い，包摂社会を創造するためにどのような社会認識を育てるべきなのか，課題として突き付けられているといえよう。

4. 授業の実践を振り返って

生徒の議論をもとに，本実践の成果と課題をまとめたい。まず成果としては，ヨーロッパ社会におけるイスラームの立場を生徒に意識付けることができた点である。イスラームの人々が情勢不安なシリアから EU への難民として受け入れられたとしても，彼らの置かれている状況は，社会の一員として同等ではなく，偏見・蔑視される存在として扱われていることへの問題性を浮き彫りにすることができた。特にドイツが多くの難民を受け入れている背景については，第２次世界大戦中のホロコーストへの歴史的な反省があり，歴史と真摯に向き合う取り組みが成された結果として，難民を受け入れる素地が大きく開かれていることに気づかせることができた。また，難民の置かれている立場や境遇に共感し，人道的立場からその解決に向けて取り組むことの必要性を強く意識させることができたことも成果といえよう。

一方，課題として残るのは，生徒の意見にある宗教の“違い”が共生を阻む要素として捉えられている点をどう今後の授業で扱っていくかという点である。前提としてイスラームに対するかなり強いステレオタイプなイメージがあるため，危険，特殊な人々という認識をあらためさせると共に，さらにイスラームの教えとその存在価値について深く掘り下げる実践を積み重ねていく必要があることは言うまでもない。生徒の学習感想にあるように，文化を相対的に見る（価値ある存在として扱う）視点をどのように授業として位置付けていくかは重要な課題となっている。そこで社会科の授業を構想する上でのポイントとなる点をいくつか列挙してみたい。１つ目は，多様性を認め合う社会をつくるために新たな生き方・考え方の哲学をもつことである。これは理屈だけではなく，感覚や感性（これは人としていけないのではないか，正しいことと言えないのではないか）に訴えることが大切である。それでは現実の課題は改善しないのではないか，具体的な方策を示せと言われてもすぐには出てこない場合も十分にあり得るが，それを強いるような授業ではせっかくの感性が育っていかないということである。２つ目は，多様なものを扱っていく授業者としての意欲の継続である。本実践もイスラームへの理解だけではなく，異なる文化と共生していくための方策を自ら考える契機とすることであった。そして最後に，問題や対象を多様な立場や視点から考察することである。いったんは対象を外から眺めながらその問題を客観的に考察することである。そこでなによりも大切なのは対話である。自分の考え方に他者性を意図的に学習活動にいれることで多様性が確保される。こうした点を念頭に置きながらさらにイスラームの宗教の教えとその存在価値について深く掘り下げる実践を積み重ねていく所存である。

第6章

イスラーム文化の奥深さと，生徒の生活とのつながりを実感させる授業

——中学校歴史的分野「イスラーム文化の国際的役割」——

田﨑義久

1. 本授業実践の趣旨・ねらい

1-1 はじめに

新学習指導要領の歴史的分野における改訂の要点の1つに，「我が国の歴史の背景となる世界の歴史の扱いの一層の充実」がある。その例として「ムスリム商人などの役割と世界の結び付きに気付かせる学習」が挙げられ，「新航路の開拓を中心に取り扱い，その背景となるアジアの交易の状況やムスリム商人などの役割と世界の結び付きに気付くことができるようにすること」（内容の取扱い）とし，「中継貿易などでの中世以来のムスリム商人の活動などによる世界の結び付きに気付くことができるようにする」（解説）ことが示されている。

グローバル化に対応して，ムスリム商人の広がりやつながりに目を向けさせることが新たに加わった。抽象的な理解で遠い昔の他人事で終わらせるのではなく，目に見える具体的な文化から，その背景にある目に見えない交流の様子を考えることを通して，ムスリムやイスラームへ親しみを感じ，時間を超えた私たちの生活とのつながりを生徒が実感できる授業実践につなげていきたいと考えた。

1-2 授業実践に向けて

ムスリム商人の活動については，実践当時，多くの教科書では触れられていない。しかし，本校で使っているT社では，章末にある特設ページ「深めよ

う：歴史の中のイスラム文化」で，イスラームの拡大やイスラームとヨーロッパ文化，ヨーロッパとアジアの接点からイスラーム世界で生まれた文化が歴史の中で果たしてきた役割について見開きで述べられているので，活用できる。

授業のねらいとして以下の３つを考え，授業実践につなげたいと考えた。

①イスラーム世界で生まれた文化が歴史の中で果たしてきた役割，現代の私たちの生活とのつながりを，学問や文化の具体例を取り上げる中で理解させること。

②ムスリム商人のネットワークや原動力を，流通や技術などから生徒に大きく捉えさせること。

③個別の文化の紹介で終わるのではなく，共通性があることを確認するなどしてイスラーム世界で生まれた文化への親しみを生徒が増すこと。

授業の内容として次の３つを柱として当初考えた。

①イスラームの拡大の様子を教科書や資料集などで取り上げ，7（8）世紀，12世紀，15世紀（オスマン朝）の世界と日本の様子を振り返る。

②学問や文化の具体例として，身近な生活に関連する内容でこれまで他教科で学んだことも踏まえ，以下のように考えた。1時間の授業時間内で取り上げられる具体例には限界があるので，なるべく多くの分野を取り上げ，その中でも特に生徒になじみ深いものを代表例として取り上げることにした。

数学：アラビア数字，代数学，小数

科学：アルコールやアルカリ→アラビア語の定冠詞，フラスコが作られる，
星の名前「アルタイル，ベガ，デネブ」…イスラーム天文学の名残

医学：手術と麻酔法

文学：アラビアン・ナイト

美術：アラベスク「幾何学模様」

その他：コーヒーハウス

③ムスリム商人のネットワークや原動力，流通や技術などが具体的にわかるもの，文化の共通性があることを確認できるもの。

授業では，イスラーム世界がヨーロッパとアジアの接点になり，古代ギリシアの文化を受け継ぎ発展させ，さらに中世ヨーロッパ世界が積極的にイスラーム文化を吸収して，ルネサンス以降，ヨーロッパの国々がイスラーム世界の国々よりも優位に立つ大きな流れにも目を向けさせることができればと考えた。

授業の方向性はある程度決まったが，学問と文化の紹介で終わりではなく，その歴史的背景に目を向けさせることや具体例として何を取り上げ，それを知って身近に感じること以外に，何を生徒に考えさせるかなど，まとめを検討しなければならなかった。授業の終末では，取り上げた学問や文化の具体例の内容や背景を踏まえ，それらをまとめる発問として「なぜイスラーム世界で独自の豊かな文化が生み出され，現代につながっているか」を考えさせることにした。本実践は2018年7月，中学2年生に実施したものである。

2. 授業の実際

2-1 本時の目標

・イスラーム世界で生まれた文化に興味・関心を持ち，歴史の中で果たしてきた役割を理解して，特に学問と文化の面から親しみを感じ，現代の私たちの生活とのつながりを意欲的に追究させる。

・イスラーム世界が独自の豊かな文化を生み出した意義を自覚させ，その背景には地域や時間を越えた文化の連続性，流れがあることを考えさせる。

2-2 本時の具体目標

・数学，医学，天文学，文学からイスラーム世界で生まれた文化を具体的に理解し，現代の私たちの生活とのつながりを説明できる。

・なぜイスラーム世界で独自の豊かな文化が生み出され，現代につながっているかを説明できる。

2-3 本時の展開

学習活動	生徒の学習活動	指導上の留意点	評価
天文観測所の四分儀	①1年生修学旅行の際，伊能忠敬記念館で見たものと似ている品はないか，絵の中からペアで探す。	○四分儀（象限儀）を簡単に思い出させる。 ○8世紀，13世紀，16世紀の世界地図を確認する。	・9世紀イスラーム世界で考案されていたことに関心が持てたか。
フワーリズミーの数学	②インド算術（アラビア数字や0の概念）が西洋に伝わったことを確認する。	○十進法による様々な計算方法が可能になったことにふれる。	・アラビア数字の由来がわかったか。

アル・ジャブル（復元）	③どんな治療場面かを考えて発表する。	○移項，同類項にふれる。 ○貿易や遺産分配，土地の測量など実用的分野での応用を確認する。	・代数学（アルジェブラ）の由来がわかったか。
スーフィーの「星座の書」	④オリオン座やベテルギウスを確認した後，天文学をどのように活用したかを考えて発表する。	○暦の作成につながり，中国を経て日本に伝わったことにもふれる。	・イスラーム文化と生活との関わりがわかったか。
「カリーラとディムナ」	⑤動物寓話「欲張りな犬」の内容を確認して，物語の背景の説明を教師から聞く。	○イスラームでは犬が穢れているとみられていることにふれる。	・物語の背景にある影響がわかったか。
文化の連続性	⑥なぜイスラーム世界で独自の豊かな文化が生み出され，現代につながっているかを考えて，ノートに書き発表する。	○ビザンツ帝国の役割についても簡単にふれる。 ○授業では触れられなかったイスラーム・ネットワークについて最後に説明する。	・古代ギリシアなどの学問を受け継ぎ，インドなどの文化を取り入れたことがわかったか。

2-4　授業で取り上げたイスラーム文化

2-4-1　四分儀

これは教科書に掲載されており，導入で使用した。スレイマン大帝が1557年に建設したガラタ天文観測所で，観測に励むタキュッディンおよび同僚の天文学者が描かれたものである。細かく見ていくとコンパスや定規，砂時計なども確認できる。数学と天文学の密接な関係がわかる。本校生徒は１年生の時に伊能忠敬記念館を見学して象限儀を知っているので，四分儀と比較させたいと思い取り上げた。教科書では小さいので，A４判に拡大してペアの２人で確認させることにした。

2-4-2　９世紀，フワーリズミーの数学

インド算術，０の概念を取り入れて，アラビア数字が発明され，11世紀にヨーロッパで翻訳され人々に知られるようになったことを口頭で説明した。数学が貿易や遺産分配，土地測量に生かされたことを付け加えた。

2-4-3　10世紀，アッ・ザフラーウィー「外科の書」

15世紀アラビア語からトルコ語への翻訳書に掲載されている。これは脱臼した肩をもとの状態に戻す治療場面の絵である。この治療法は古代ギリシアの医学者ヒッポクラテスの時代から伝えられた知識をもとにしている。この処置を「ア

ル・ジャブル（復元）」と言い，代数学「アル・ジェブラ」の由来になっていることを伝えた。移項を「アル・ジャブル」，同類項をまとめることを「アル・ムカーバラ（対比）」ということも付け加えた。

治療場面について，治療を受けている男性にはひげが描かれていなかった。ひげをはやすことがマナーであり，あごひげがないということからこの治療を受けている男性は少年であることがわかる。

図6-1　アッ・ザフラーウィー「外科の書」
シャラフ・アッ＝ディーン・サブンジュオウル『君主の外科学』より，パリ国立図書館

2-4-4　10世紀，アッ・スーフィー「星座の書」

オックスフォード大学にある写本に掲載されている。これはギリシアの天文学者プトレマイオスが作った1025の星を48の星座にまとめた目録を基盤とし，そこに星の等級など，いくつかの修正を加えたものである。ギリシアのオーリオーンを意訳したジャッバール（巨人）すなわちジャウザーの星座が描かれている。生徒が小学校で学習済みのオリオン座のことである。細かくなるが「図の中に星々は28個，立っている男の図で黄道の南側にある，人の姿によく似ていて頭と両肩と両足がある，…第２星は右の肩にある，明るくて大きくて赤い星である。」という絵の説明も紹介した。この赤い星はベテルギウスでこれもオリオン座と共に生徒は知っていた。ギリシア系の名前とアラビア本来の名前が並記されていることを確認した。

描き方が地域によって違い，アフガニスタンに工房があったので描かれ方が中国絵画の影響が強い。改めて，10世紀，アッ・スーフィー「星座の書」を見てみると，目が細かったり髪の毛の色が黒かったりすることが確認でき，

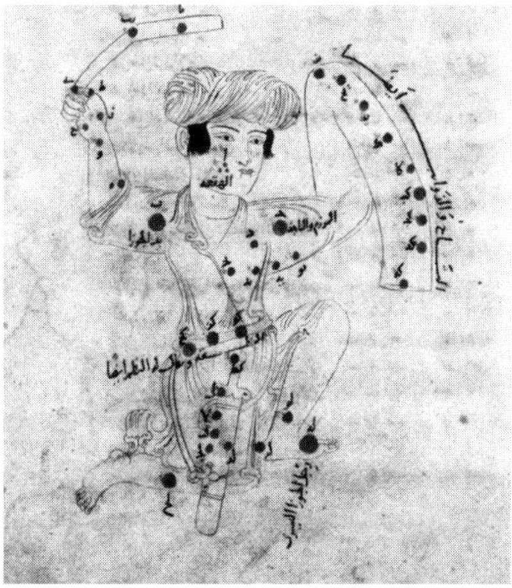

図6-2 「星座の書」
オックスフォード大学ボドリアン図書館

唐代の絵画との共通点を実感できる。後日集めたノートの中で，オリオン座と説明を聞いて，「顔もよくあるイラストとは違っておもしろかった。」と書いている生徒がいた。おそらく，よくあるイラストとの違いが，まさにこの中国絵画の東洋系の感じを受けたということなのだと感じた。

また別の生徒は，「その星座の絵は，２つの名前（ギリシア，アラビア）が並列されていた。一つ（自分の方）にしないだけ，他の国の文化を認めているのだと思った。」と書いていた。イスラーム世界がキリスト教やユダヤ教と共存していることを知った。イスラーム法やアラビア語を共通の土壌として，人々は知識があればどこでも生きていける。また多様性を認め，民族差別をしないゆるいネットワークで自由度が高かったことが背景にあることがわかった。

そして，イスラームが広がった地域において，古代文明が取り入れられ多様な地域性が結び合わされた意義の大きさも実感することができた。

2-4-5　８世紀頃，イブン・アル・ムカッファウ「カリーラとディムナ」

図 6-3　「欲張りな犬」（『カリーラとディムナ』）
バイエルン州立図書館 , MS arabe 616, fol. 38v

14世紀，絵本に着彩されたもの。これは最初のアラビア語の文学作品である。もともと「パンチャタントラ」と呼ばれる動物寓話の形をとった，理想の君主になるための教訓などが説かれている王子たちのための手本だったこと，中世ペルシャに伝わったインドの説話集を翻案したものであることを伝えた。どんなお話か絵を見てわかるか生徒に聞くと，動物をヒントに欲張りな犬であることに気付くことができた。インドやいろいろな地域の伝説がもとになって，イソップ寓話が作られていることを説明した。

3.　生徒の学び

3-1　天文学をどのように活用したのか

エジプト文明でナイル川の氾濫の時期を知るために，天文学が発展したことを生徒は学んでいた。季節によって，また時間によって見える星座が違うことなども生活体験から知っている。そこで，時間を知りたい，方角を知りたいという意見が出た。なぜ時間を知りたいのか，なぜ方角を知りたいのか，その点をさらに生徒に投げかけた。お祈りの時間，メッカの方角とイスラームの教えには欠かせない情報を知るためであったことに気付くこともできた。お祈りの時間がさらに暦の作成につながったことも説明した。

天文学をどのように活用したかについて，航海や地図に活用されたこと，モスクには時報係がいて礼拝の開始時刻を知ることが大切であった。

3-2　なぜイスラーム世界で独自の豊かな文化が生み出され，現代につながっているのか

教科書に掲載されている８世紀の世界地図などを授業冒頭で確認したこともあり，大陸の真ん中であるので情報を得やすいという意見が出された。また，その地図には海上交易のルートも描かれていることから，船の出入りが多かったので，古代インドやギリシアの進んだ技術が早くから伝わっていたことに気付くこともできた。他には，生徒から生活に生かせるものでわかりやすい，文字・絵などの記録ができるものであった，基礎になったり応用できたりするものであった，古代インドの文化を取り入れたりつけ足したりした，などの意見が出た。

記録に関わる製紙法は８世紀に中国から伝えられ，中央アジアのサマルカンドに最初の製紙工場が建てられた。また10世紀バグダードの本屋であったイブン・ナディームは当時流通していた膨大な文献の目録を残している。

3-3　生徒の授業タイトルから

授業後にいつも各生徒に今日の授業タイトルを考えさせ，ノートに記入させている。その中で今日の授業のタイトルを「今にもつながっていること」とした生徒がいた。そのタイトルの理由の中で，「ヒッポクラテスの誓いや欲張りな犬など日本と遠く離れていて時代もすごく昔のことなのに，今もこうして日本と少しでもつながる要素があるというのは，とてもすごいことなのだと思いました。大切なもの・大切なこと・心構え，また伝統的な心に残るようなお話は，国や時代が変わっても，同じ人間だから通じ合うものがあるのだと思った

からです。」と述べている。

後述の公民的分野「私たちの暮らしと現代社会」で実践した際にも，共通性を見出すことができた。歴史的分野でも現代とのつながりの中でこうした見方を獲得することができることがわかった。

また，授業タイトルを「融合された文化」とした別の生徒は，「今回の授業で紹介されたイスラム文化のほとんどが，ギリシアやインドなどで生まれたものがもとになっていました。日本でも渡来人や養蚕など中国から伝えられたものがたくさんあり，今の日本文化に至っています。このように外から来た文化と，もともと国内にある文化が融合して新しい文化を作るのは，よりよい文化を作っていくのに重要なことだと思います。」と述べている。

イスラーム文化が古代と中世をつなぐ役割を果たしたという大きな流れに目を向けるきっかけにできるのではないかと感じた。

4. 授業実践を振り返って

4-1　成果と課題

10世紀のアッ・ザフラーウィー「外科の書」，10世紀のアッ・スーフィー「星座の書」，8世紀頃のイブン・アル・ムカッファウ「カリーラとディムナ」の3枚の絵を使って，生徒に読み取らせる形で当初考えた3つの授業のねらいに迫ることができた。

今回の授業の感想の中には，「天文学では，日本も含め古くから利用されていたのですが，そのもとはイスラム教の教えによるものがあったのかなあと思います。今までちょっと怖いと思っていたイスラム教は実は素晴らしい教えのもと，高い技術力や今でも評価される方法ややり方を見つけ出していたため，すごいのだと思いました。」と書いていた生徒がいた。授業を通して変容させることができたと感じるが，「ちょっと怖いと思っていたイスラム教」という，否定的な固定観念があったことも推測される。

また，キリスト教が禁止されていた江戸時代の日本と比較したある生徒は，「イスラム教の人々の生活を想像して，自分たちの信じる宗教の教えをしっかりとやることができる幸せを感じているのではないかと思いました。」と書いていた。信仰と結びついた生活に共感することができたと感じるが，「幸せを感じている」というふうに思う前はどうであったのか，気になった。知らないことを知って理解が増したというより，知らないのでマイナス的なイメージを持っていたから前よりはよくなったという状況でなければいいと感じている。

4-2 次の実践に向けて

新学習指導要領に目を向けると，地理的分野の「世界各地の人々の生活と環境」の生活と宗教のかかわり，歴史的分野の「古代までの日本」の世界の古代文明や宗教のおこりを，どのように関連させてそれぞれの分野で何を学び，どちらを先に学習するかを考えていく必要がある。それを踏まえ世界の諸地域のアジア州やアフリカ州の学習では，イスラームとムスリムの人々の生活に関して何を補って教えるのか，考えさせるのか検討して意識的に時間をつくっていくようにしたい。

今回の歴史的分野の授業実践を通して，イスラーム文化の奥深さを自分自身感じることができた。学問や文化の具体例から，それが生まれた背景やつながり，その意味を知って面白さを感じることもできた。歴史的分野は3年間学習があるので，今回授業で使った3枚の絵の他にどんな資料を取り上げれば私たちの生活とのつながりを実感できるのか，さらに教材研究をしていきたい。

授業後の研究協議では，イスラーム文化は発展したが今はどうなのか？西アジアは遅れているのではないか？ということも話題になった。感想で「イスラム世界が現代まで，今後どうなっていくのか，どのように発展しもしくはどのような問題が起きていくのか，という今後についても知りたいなど興味がわきました。」と書いた生徒がいた。これを書いた生徒の疑問に答えていく授業はどうあればいいのか，これからも考えていきたいと思っている。

参考文献

佐藤次高（2008）『世界の歴史⑧　イスラーム世界の興隆』中公文庫。
ジャカール，ダニエル著，吉村作治監修，遠藤ゆかり訳（2006）『アラビア科学の歴史』創元社。
松原直美（2015）『絵本で学ぶ　イスラームの暮らし』あすなろ書房。
ランディ，ポール著，小杉泰監訳（2004）『ISLAM イスラーム―この1冊でイスラームのすべてが見える』ネコ・パブリッシング。

第7章

マス・メディアの情報を批判的に考察する歴史授業

――中学校歴史的分野「アラビアンナイトの世界」――

篠塚昭司

1．本授業実践の趣旨・ねらい

第4章の地理の授業実践において，生活とイスラームの密接な関係，多様性，分布など，多面的・多角的に理解を深めた生徒は，イスラームに対する寛容的な態度を養うことができた。生徒の認識をこのように大きく動かしたのは，ムスリムがイスラームやISについて語る動画であった。これは，ある意味でマス・メディアに影響されやすい，換言すれば感受性が強く情報に左右されやすい中学生の特質が現れたとも言えるだろう。

そこで，歴史の授業実践では，歴史的事象における真のイスラームの姿を明らかにすることで，マス・メディアが日本人の持つ典型的なイスラーム観にいかに影響を与えてきたのか，イスラームへの誤解や偏見をなくすためにマス・メディアの情報とどう向き合えば良いのか，という問題意識を解決すべく，3年間のイスラーム学習の2年目の実践を行った。

本時の授業は，歴史的分野の「近世の歴史」の中単元「世界の動きと統一事業」，及び，内容の取扱い「ウ　ヨーロッパ人来航の背景については，新航路の開拓を中心に扱い，その背景となるアジアの交易の状況やムスリム商人などの役割と世界の結びつきに気付かせること。（後略）」に基づいて構成した。

本実践は，2018年5月，中学2年生に実施したものである。

2. 授業の実際

2-1 本時の展開

学習内容	おもな学習活動と予想される生徒の反応	おもな資料	指導上の留意点
1. 導入 ディズニーのイスラム観	T：TDSのアラビアンコーストを知っているだろうか。このエリアはディズニー映画『アラジン』に登場するランプの魔人「ジーニー」が魔法によって生み出したアラビアンナイトの世界という設定だ。 S：(映画の主題歌を聴きながら『アラジン』のあらすじを読む。)	スライド① TDS「アラビアンコースト」数枚 スライド② 「イスラム帝国」 ワークシート① 「映画『アラジン』あらすじ」 BGM 「Arabian Nights」	・アラビアンコーストの舞台は中世アラブ都市で，ムスリムの生活がモデルであることに注目させる。 ・アラビアンナイトの原型はイスラム帝国が栄えた8-16世紀のバグダッドでできたことを伝える。 ・数名の感想を発表させた後1992年(映画全米公開時)アメリカに住む一部のアラブ人から，上映反対運動が起きたことを伝える。
【本時の学習課題】「なぜ，ディズニー映画版『アラジン』に対して，アメリカに住むアラブ人から上映反対運動が起きたのだろうか。」			
2. 展開① アラブ人ムスリムに対するステレオタイプの形成	＜主題歌に対して＞ S：主題歌の歌詞がひどいのでは。 ＜絵に対して＞ S：ムスリム(ムスリマ)なのに女性の肌の露出が多いのはおかしい。 S：砂漠なのに肌の露出が多い。など ＜内容に対して＞ S：主人公の盗みはイメージが悪い。	スライド③ 「主題歌の新しい歌詞」 「ムスリマ」 「砂漠地帯の服装」 スライド④ 「『アラジン』の挿絵」1875年	・自由な発想，根拠を持った予想を促す。 ・変更後の歌詞を提示し，アラブ人ムスリムに対する偏見があったことに気付かせる。 ・乾燥帯の生活やムスリムの習慣など地理の学習を思い出させる。

	S：魔法の絨毯やランプなんてない。		・他にも，原作の『アラジン』で主人公は中国人，舞台はインドであることに気付かせる。
	T：なぜ『アラジン』にはこのような偏見や誤解が多いのだろうか。 S：(『アラジン』により，アラブ人ムスリムに対するステレオタイプが形成されている可能性を理解する。)	スライド⑤ 「ハクション大魔王」 「ドラビアンナイト」	・数名の意見を聞いた後，『アラジン』はアラビアンナイトの原典にはなく，フランス人が加えたこと，その後ディズニーや日本のアニメ会社で脚色されたことを伝える。
3. 展開② イスラム帝国の真実	T：では，アラビアンナイトの原典ではイスラム帝国やアラブ人ムスリムの様子を，どのように書いているのだろうか。 S：(4つの物語とスライドから，イスラム帝国の真実の様子を知る。) ①『シンドバッドの冒険』 ②『背中にコブのある男の話』 ③『荷担ぎ屋と3人の娘の物語』 ④『女奴隷タワッドゥドの物語』	ワークシート③ 「4つの物語」 スライド⑥ 「文明の十字路」 「当時の手術道具」 「バグダッド」 「アストロラーベ」 「ダウ船」など	・中世イスラム帝国の経済活動が盛んであったこと，学問が発達していたこと，他宗教に寛容であったことなどについて読み取らせる。
	T：なぜ，ディズニー映画版『アラジン』に対してアメリカに住むアラブ人から上映反対運動が起きたのだろうか。イスラームについて思ったこと・考えたことと併せてまとめ，発表しよう。		・授業の前後でイスラームに対する思い（おもに歴史的な視点）が変化したかに留意させ，ワークシートに授業の感想を書かせる。

2-2　授業で活用したワークシートの資料

＊アラビアン・ナイトの各物語を読み取る視点

①「シンドバッドの冒険」からは，陸と海のシルクロードで活躍するムスリム商人の姿がわかる。

②「背中にコブのある男の話」には，様々な職種や宗教が登場することから，他宗教への寛容性とバグダッドに住む民族の多様性がわかる。

③「荷担ぎ屋と３人の娘の物語」には，世界各地の特産物が登場するため，バグダッドが世界の物産の集散地であったことがわかる。

④「女奴隷タワッドゥドの物語」には，クルアーンの読誦者，神学者，クルアーン学者，医者，天文学者，哲学者が登場することから，バグダッドは知恵の都と呼ばれた世界の学問の最先端地域であったことがわかる。

スライド④「アラジン」の挿絵
Edmund Evans (1875) *Aladdin, or the Wonderful Lamp,* The ‘Routledge’s Shilling Toy Books series No.77

スライド⑥　バグダッド（復原図）
Jean Soutif/Science Photo Library

2-3　評価

・日本やアメリカで典型的なイスラーム世界観が形成されてきたことを追究する本時の学習課題を設定し，意欲的に解決に取り組んでいる。
（関心・意欲・態度／ワークシート・討論観察・ノートの感想意見）

・中世世界においてイスラームが科学や文化等の発展に大きく貢献したことを理解し，イスラームに対する誤解や偏見とその解決策を考察している。
（思考・判断・表現／ワークシート・ノートの感想意見）

3. 生徒の学び

3-1 アンケート結果より

表 7-1 生徒のイスラームに対する認識・意識の変化

Ⅰ．イスラム教について知っていることを教えてください。	2017 年 9 月 地理実践前	2018 年 5 月 歴史実践後
①創始者の名前（ムハンマド）	45.0	98.9
②聖典の名前（クルアーン）	22.5	98.9
③聖地の名前（メッカ）	53.1	96.7
Ⅱ．イスラム教徒の生活について，正しいと思えば○，誤りだと思えば×をつけてください。	**2017 年 9 月 地理実践前**	**2018 年 5 月 歴史実践後**
①豚肉を食べない（○）	87.5	91.1
②菜食主義者である（×）	71.2	77.8
③飲酒はしない（○）	74.1	83.3
④信者の大半はアラブ人である（×）	22.5	33.3
⑤１日数回礼拝をする（○）	95.0	100.0
⑥断食する月がある（○）	88.8	96.7
⑦女性は黒い布で全身を隠す義務がある（×）	16.9	31.1
⑧日本には数万人のイスラム教徒がいる（○）	24.4	53.3
⑨最も信者が多い地域は西アジアである（×）	47.5	17.8
⑩科学の発展に貢献した（○）	27.5	75.6
Ⅲ．イスラム教について持っているイメージに○をつけてください。（複数回答可）	**2017 年 9 月 地理実践前**	**2018 年 5 月 歴史実践後**
①進んでいる	13.1	36.7
②遅れている	46.9	20.0
③教えを厳しく守る	91.9	85.6
④教えを柔軟に考える	4.4	22.2
⑤自由	10.0	18.9
⑥不自由	75.0	37.8
⑦平和的で穏やか	16.3	51.1
⑧攻撃的で怖い	73.8	75.6
⑨砂漠の宗教	55.0	96.7

⑩ひげを生やしている	53.1	58.9
⑪弱い人を助ける	18.1	62.2
⑫理解しやすい	18.1	16.7
⑬理解しにくい	83.1	46.7

注1　2017年9月：「世界各地の人々の生活と環境」の学習前，n=160
注2　2018年5月：本実践後，n=158

3-2　実践後のノート感想欄より

①イスラームに関する多面的な理解が深まった生徒

A　まだ，イスラムは遅れているという失礼な考え方が残っていて，その考え方がどれほどひどいものなのかということを痛感しました。

B　イスラム教はISのテロや宗派の対立など悪いイメージの出来事が続いている。地理の時も感じたが，偏見で見てしまうと誤解を招く恐れがある。正しく知らねばならない。

C　まさかバグダットがこんなに発達しているとは思わなかった。日本側の国風文化を発達させている間に，イスラム世界はここまで来ているとは驚いた。

②宗教や他文化に対する概念的な知識を身につけた生徒

D　世界中の人にそれぞれ価値観があり，全ての人が気持ち良く見られる映画にする（言葉を直したりする）のは簡単ではないので，互いに理解し合えるようにできると良いと思う。

E　自分とは違う宗教の信者への偏見を持ってしまうことは，正直仕方ないことだなと思います。でも，だからといってイスラム教を差別的にとらえるのではなく，その宗教の信者が多い国に関して興味を持ってみて，その人たちにも私たちが受け継ぐ文化に興味を持ってもらえる日が来ると良いなと思いました。

F　他宗教に寛容なイスラム帝国はうまいと思った。他宗教を認めることで多くの考え方に触れられるからだ。

③批判的思考力を活用した生徒

G　主題歌の歌詞から欧米の人の誤解や偏見を感じ，悲しくなりました。アラブ人が怒るのもわかります。勝手な思いこみや偏見で物語を作るのはどうなんだろう？

H　アラジンにこんな騒動があったとは知らなかった。他にも映画，ドラマなどで史実と乖離しているものはかなりあると思う。NHK大河ドラマ『おんな城主 直虎』でも，放送中に直虎はやはり男だったという資料が出てきて，興ざめしたことを思い出した。

I　アメリカの映画はよくこのようなことがあると思います。アイアンマンやアベンジャーズでもサブリミナル効果のような心理学的な方法でロシア等を非難しているところがあると感じました。

J　批判されない内容の映画を作るために，イメージで作るのではなく，基になる内容の国を良く理解し，表現に気を配ることが大切だと感じました。

K　誤解を招くような映画などを作った人たちももしかしたら，悪気はないのかもしれないと思えれば，対立はしなかったと思う。だから僕は，これから，『もしかしたら～かもしれない』という考え方を増やしたいと思った。

4. 授業実践を振り返って

4-1　成果

本実践では大きく３つの成果を見出すことができた。第一にイスラームに関する多面的な理解が深まったことがあげられる。冒頭でも述べた通り，イスラームは生徒にとってなじみが薄く未知の部分が多い宗教である。そこで，本実践の導入では映画『アラジン』，展開ではアラビアンナイトの４つの物語という生徒にとって関心が高い教材を活用した。これら身近な教材の効果は大きく，『アラジン』に見る欧米人の誤解や偏見から「真のイスラームの姿を学びたい」という意欲が，また，アラビアンナイトの４つの物語に見るバグダッドの繁栄から「イスラームは科学の発展に貢献した」という認識を深めることができたのである。

第二に，このようなイスラーム理解を通して，宗教や他文化に対する概念的な知識を身につけた生徒が多く見られたことである。例えば実践後のノートに「世界中の人にそれぞれ価値観がある。」と記述したＤは，イスラームだけではなく他の宗教や文化の価値観を尊重する力を身につけた。また，「偏見で見てしまうと誤解を招く恐れがある。正しく知らねばならない。」としたＥは，自分とは異なる宗教や文化に対した時，否定から始めるのではなく学ぶことから始めるだろう。つまり，彼らは本実践を通して，多文化共生に最も必要な宗教に対する寛容性という概念を身につけたのではないだろうか。

そして第三の成果は，本校社会科で最も重視している批判的思考力の育成に有効であったことである。特に，本時の学習課題「なぜディズニー版『アラジン』に対して，アメリカに住むアラブ人から上映反対運動が起きたのだろう。」を解決していく過程の中で，「ちょっと待てよ，どうやら自分たちの知っている『アラジン』はアラブの物語ではないようだ。」とか，「もしかしたら，『アラジン』には誤解や偏見が入り込んでいるのではないか。」と，生徒は物語を批判的にとらえていった。結果，HやKのように，「他にも映画，ドラマなどで史実と乖離しているものはかなりあると思う。」や「僕は，これから『もしかしたら～かもしれない』という考え方を増やしたいと思った。」と，様々なメディアを批判的に見る力の必要性に言及した生徒が多く見られたのである。

4-2　課題

しかし，マス・メディアの影響に左右されやすいという課題も残っている。例えば本実践後のアンケートによると，「信者が多い地域は西アジアである」や「砂漠の宗教である」と，誤った選択肢を選ぶ生徒が急増している。これは，本実践が西アジア，中でも砂漠を舞台とした映画や物語を扱ったことに原因があると思われる。また，実践後もニュース番組などでISの情報が流れると，「違うとはわかっていても，やはりイスラームが怖くなってしまう。」という生徒の声を耳にする。つまり，今後イスラーム学習の目的を達成していくためには，より高度なメディアリテラシー教育が必要となってくるだろう。また，イスラームを学習するにあたり，ISの学習は避けては通れないであろう。まだまだ未知数のことも多いが，IS誕生の歴史，主張，イスラ－ムとの関連や相違点などについて学ぶことで，イスラーム学習はより深まっていくのではなかろうか。

第8章

生徒が共感し，共通性を知ることから，ムスリムとの共生を考える授業

――中学校公民的分野（+総合）「私たちの暮らしと現代社会」――

田﨑義久

1．本授業実践の趣旨・ねらい

1-1　異なる文化を持つ人々との出会いの重要性

社会科の授業を通して，生徒がお互いを人間として認めながら，人間としての対等な関係性を将来にわたって築いていくことができるようになってほしいと願っている。

特にこのことを意識するようになったのは，ガーナ出身の方を学校にお招きして交流会を行ったことがきっかけである。ガーナはチョコレートの原料カカオの産地として，世界の諸地域のアフリカ州の学習で教科書にも取り上げられている。生徒が知っている数少ない国であるが生活の様子などを知らなった。このガーナ出身の方はアフリカンドラマーだったので，ガーナの楽器トーキングドラムを演奏していただき，文化や生活の様子について講演していただいた。

ドラムの迫力と共に今でも強く印象に残っているのは「貧しくても心が元気なら幸せ」という言葉である。出会ったガーナ出身の方の個人的な考えであるという点に留意しながらも，精神的な豊かさに目を向ける必要性を痛感する機会となった。また，生徒に異なる文化を持つ人々との出会いの場をつくることの重要性を学ぶことになった。

1-2　イスラーム，ムスリムとの出会い

私たちはイスラームやムスリムについて，どれだけ理解し，その生活に共感

しているだろうか。最近は事件報道を目にする場面が以前より減っているように感じるが，生徒の頭の中ではイスラーム過激派のテロ行為と結びつき，イスラームやムスリムに対する誤解や偏見が生じていることが残念である。

そこで，中学校社会科の３分野にわたって，三大宗教の一つとしてイスラームは取り上げられ学ぶ機会があるので，授業を通して特に生徒の誤解や偏見を解消していくようにしたい。

イスラームと言っても一面ではとらえられず，国によって慣習も様々であり，生活の中で信仰にも工夫が見られることに留意したいと考えた。その上で，具体的なムスリムの人々の姿を中心に授業を行い，その思いにふれ，信仰と結びついた生活を大切にしている姿を多少なりとも生徒に共感させたい。

また，生徒が知らないだけでなく，どちらかというと関心もない独特の文化や思考を持つイスラーム世界を身近に感じてもらいたい。そして，固定観念を揺さぶることができる中学生という時期に興味をつなぎとめておきたい。さらに，イスラームやムスリムを理解する上で，人と直接出会い知って，人間として同じ，変わらない部分があることを取り上げることを意識して実践を行っていきたいと考えた。

授業実践の準備で，マスジド大塚（大塚モスク）や蒲田マスジド（蒲田モスク）を訪問して，施設や礼拝を見学させていただいた。そしてモスク関係者や本学の留学生など，直接ムスリムの人々からお話をお聞きしたことはとても貴重な経験であった。教師自身が改めて対話的学びの大切さと楽しさを感じることができた。初めて耳にする信仰に関わることやムスリムの人々の生き方にふれて，それを生徒に伝えたいという思いが強くなった。グローバル化が進む中，まずは国内でムスリムとの共生を考えていく必要性を痛感した。

1-3　異文化理解を促す学習と小単元計画

イスラームやムスリムに対する異文化理解に限らず，何か生徒に教えたい，考えさせたい話題をじっくり背景や要因，現状，今後のことなどを授業で詳しく取り上げるには50分まるまる使える１時間の枠が必要である。年間指導計画や単元構想と関連させて考える必要がある。

ムスリムの人々からの聞き取りなど教材研究を重ねるうちに，１時間では時間が足りず内容を伝えきれないことが見えてきた。イスラームやムスリムへの理解を深めるためには，これだけに焦点化した教材開発の必要性も感じた。そこで，公民的分野「私たちと現代社会」において実践することにした。本校で使っている教科書の第１章第２節「現代につながる伝統と文化」が「科学と宗教」，「日常生活と伝統・文化，芸術」で２時間構成になっているので，再構成した。

2時間の構想として，①「宗教では，人々の生活や考え方に影響を与えている」ことを，主に外国人留学生の視点から取り上げる。留学生Mさん（インドネシア）との出会いをつくる。②「日本のおけるムスリムとの共生」を，主に定住者の視点から取り上げる。高校生ＨさんとＡさん（パキスタン）との出会いをつくる。意図的に男女，年代，出身国が違うムスリムとの出会いを授業の中で盛り込むことにした。さらに，マスジド大塚の炊き出し支援（朝日新聞2016年１月9日）の記事を読んで，これも授業内容として取り上げたいと考えた。社会科の授業より総合的な学習の時間の中で，講演会という形で直接お話をお聞きする機会をつくることにし，以下のような小単元を考えた。

本実践は，2016年９月，中学３年生に実施したものである。

表 8-1　小単元「現代社会における文化の意義や影響～イスラームやムスリムへの理解を深める」

テーマ	主な内容	協力していただいたムスリム
マスジド大塚の相互扶助	東日本大震災被災者支援等	クレイシさん（パキスタン）
ムスリムの生活	女性視点からイスラームの生活 ブルキニ禁止をめぐって	留学生Mさん（インドネシア）
ムスリムとの共生	ムスリム監視の最高裁合憲判断 高校生のメッセージ，できること	高校生Ｈさん，高校生Ａさん （パキスタン）

※各1時間。「ムスリムの生活」は後述するように1時間では足りず，2時間になった。

2. 授業の実際

2-1　防災講演会「マスジド大塚の東日本大震災被災者支援等の相互扶助の活動」

2-1-1　講演会開催経緯と要項

本校では１年生６月頃に学年行事として防災学習がある。対象生徒は１年生の時に東京消防庁第六本部消防救助機動部隊隊員の方から，２年生の時にも９月１日に松屋フーズの方から，東日本大震災当時の様子や対応などを防災講演会で学んできた。今回もその流れで，３年生全員を対象とした防災講演会として９月１日に企画したもので，要項は以下の通りである。

〇目的　・東日本大震災で救援活動をしたマスジド大塚のムスリムの方からお話を聞き，具体的に被災者支援など相互扶助活動を理解しその苦労を共感する。
・ムスリムの信仰に触れ，その生き方に対する理解を深め，日本におけるムスリムとの共生の大切さを実感させる。
・助け合いの大切さを理解し，災害時に中学生としてもできる活動を考え，自分の意思で決定できる判断力や意欲を高める。

〇講師　：日本イスラーム文化センター　事務局長　クレイシ　ハールーンさん
主な内容
・マスジド大塚とは（設立の経緯，これまでの活動の様子）
・ムスリムの信仰の実際
・大塚駅前近隣の商店会とも協力した「おにぎり」の話
・福島県双葉町の方々へのチキンカレーの炊き出し
・この講演会で伝えたいこと
・中学生に期待すること　など

2-1-2　クレイシさんの主な講演内容

多くの日本人はもし飛行機が落ちないように祈る時，神様に祈る。イスラームと一緒で，信じているのは神様で，日本人は「スリーピング・ムスリム」と言える。ISは悪の団体，集まりであり，勝手にイスラームの名前を使っている。クルアーンでは一人殺したら，全人類を殺した罪になる。間違った行いをしている。イスラームの正しい教えや理解ができたらいい。本当のムスリムの姿を理解してほしい。

東日本大震災発生翌日の３月12日から，必ずできることがあると支援を行ってきた。これまで100回以上炊き出しを行ったり，毛布を運んだりした。おばあちゃんたちが涙を流して，おにぎりを食べていた姿が印象に残っている。

日本はみんなおにぎりなどの配布で，１個でも並んで最低限で我慢して他の人のことを考えている。避難所のトイレも１つ，２つしかないならば，みんながマナーよく待っていてあせらない。しかし，コミュニケーションが弱い。炊き出しなど一緒に食べるが，食べ終わると一人ぼっちになるのでストレスになるのではないか。他国ではみんな仲良く家族のように暮らしている。カレーなどの炊き出しに行くのは，コミュニケーションの機会を設定する意味もある。

ホームレスが怠け者という考えはまちがいである。マスジド大塚ではシリアやアフガニスタンなど，難民の支援もやっている。

2-2　授業実践『ムスリムの生活～留学生Mさんから学ぶ～』

2-2-1　本時の目標

・イスラームに興味・関心を持ち，具体的な生活とのかかわりを理解して，ムスリムの生き方を意欲的に追究させる。

・ムスリム女性向け水着「ブルキニ」開発への思いと意義を自覚させ，その着用をめぐって現実には意見に相違のあることを考えさせる。

2-2-2　本時の具体目標

・Mさんの講演からイスラームの教えは大変であるとか面倒であるという先入観を取り除き，ムスリムにとって生きていく上で欠かせないものであることを理解し，イスラームの教えの意味を具体的に説明できる。

・ブルキニ着用禁止をめぐり意見の相違があるが，考案者の願いを知って信教や個人の自由を侵害する動きであることを説明できる。

2-2-3　本時の展開

学習活動	生徒の学習活動	指導上の留意点	評価
イスラームの教え	①１年生の地理的分野で学習したイスラームの教えを思い出し発表する。	○復習になるので，多くの時間をかけない。	・日常生活におけるならわしに関心が持てたか。
生活へのイメージ	②決まりに従いながらの生活をどのように感じているか，自分の考えを発表する。	○中学生が今感じている本音の部分を出させるようにする。	・友人の感じたことに共感できたか。
Mさんの講演	③講演を聞いて，大変・面倒だとは感じていないことを確認する。	○祈りや食事，スカーフなどを中心に，ムスリムの立場から理解させる。	・信じている教えに基づく行動であることがわかったか。

水着ブルキニをめぐって	④ブルキニ禁止をめぐる新聞記事を読んで，禁止することの何が問題なのかを考え，ノートに書き発表する。	○基本的人権に関わることを確認する。 ○ムスリム以外からも支持されていることにも注目させる。	・ブルキニをめぐる動きに関心を持つことができたか。
Mさんへの質問	⑤さらに聞きたいことを質問して，ムスリムの生活への理解を深める。	○ブルキニについての思いも話してもらう。 ○日本での生活を大変だとは思っていないことを確認する。	・Mさんとの出会いからイスラームを身近に感じることができたか。

2-2-4 学習指導案の変更

指導案③の講演の部分は20分程度を考えていたが，日本の中学生に伝えたい思いも強く，最初のクラスの授業は講演だけで終わってしまった。

そこで，指導案④のブルキニ禁止をめぐる新聞記事は別に時間をとることとして，残りの３クラスでも貴重な機会を生かして最初からMさんの講演だけで１時間とることに変更した。２日間にわたり４クラスにMさんは講演してくださったが，１時間終わる度に生徒の反応を踏まえて，パワーポイントを修正して新たなスライドを取り入れるなど更新してくださった。少しでもイスラームやムスリムへの理解を深めてほしいというMさんの熱意に心から感謝したい。

2-2-5 留学生Mさんの主な講演内容

メッカに向けて祈ることはモスクでなくてもよい。どこにいても何をやっていても難しいことではない。礼拝は心の食事で，アッラーとの関係が近くなる。今はスマホでメッカの方角を調べることができる。５回の礼拝も別々ではなくまとめることができる。断食の期間は何も食べない。冬の方が断食の時間が短くなるので良い。その時に日本でいう同窓会をやる。心をきれいにする。クルアーンはバスに乗っている時にも読むことがある。カーリー（男性），カーリア（女性）というクルアーンを朗読する先生がいる。食べ物は新大久保や業務スーパーに買いに行く。ハラールマークのついた商品を買う。レストランに行く時は事前に調べる。メニューを見て食べることができそうにない時は，シーフードや野菜だけを食べる。ヒジャブは自分が自分を大切にして守るためにかぶる。人によって好きな巻き方があり，ルールはない。

2-3　授業実践『日本におけるムスリムとの共生』

2-3-1　本時の目標

・ムスリムの日本での生活に興味・関心を持ち，具体的な生活とのかかわりを理解して，高校生ムスリムが今を生きる人間として同じであるという意識を持たせる。

・テロ防止のため警察によるムスリム監視が最高裁で合憲となった判決を踏まえ，差別や偏見があることを自覚させ，ムスリムとの共生のためにできることを考えさせる。

2-3-2　本時の具体目標

・ムスリムの日本での生活を支える取り組みが進んできた中で，高校生ムスリムの生活の様子を理解し，私たちの生活との共通点や信仰への思いを具体的に説明できる。

・テロへの不安からムスリム監視を認める最高裁判断にみられるように，ムスリムへの差別や偏見がある日本だからこそ，ムスリムと一緒に生活する上でこれからできることを考え説明できる。

2-3-3　本時の展開

学習活動	生徒の学習活動	指導上の留意点	評価
日本での生活	①ムスリムのためにこれから整えていく必要があることは何かを考え，発表する。	○決まりに従いながらの生活を支える必要性から考えさせる。	・ムスリムの立場から考えることができたか。
進んできた対応	②祈禱室やハラール，お墓について生徒に紹介して確認する。	○観光客増加や東京五輪に向けて対応が進んでいることを確認する。 ○日本人の土葬への抵抗感にふれる。	・ムスリムへの国内の対応の様子がわかったか。
警察の監視をめぐる裁判	③最高裁の合憲判断について，賛成か反対かを考え，意見交流をする。	○日本と欧米で判断が割れていることも確認する。	・ムスリムに対して差別や偏見があることがわかったか。
高校生からのメッセージ	④高校生Hさん，高校生Aさんからのメッセージを見て，感じたことを発表する。	○エピソードを紹介する。 ○同世代の生活の様子から，私たちと変わらないことを実感させる。	・宗教は異なっても親近感を持つことができたか。
ムスリムとの共生	⑤ムスリムと一緒に生活する上でこれからできることは何かを考え，ノートに書き発表する。	○差別や偏見をなくすためにも，一人一人のコミュニケーションの大切さにふれる。	・ムスリムとの共生のために自分ができることを考えたか。

3. 生徒の学び

3-1　クレイシさんの講演会

講演会後にB5用紙半分の感想を全員に記入させ，後日クレイシさんに御礼の手紙と共に送付した。ある生徒は，次のような感想を書いている。

> いつもニュースでイスラム国の悪事を見ていると，イスラム教＝過激で宗教差別をするというイメージがどうしても植えついていました。でも，今回お話を聞いて，イスラム教は，日本と同じように宗教的差別をせず，「人を殺すこともとんでもない悪いことだ」という教えもあって，イスラム教の人たちとも，支え合って生きていけるなと思いました。そして，一番心が動いたのは東日本大震災でのボランティアです。宗教が違っても，人を助けたい気持ちは同じなんだなと思い，心が温かくなりました。カレー自体に感謝するのはもちろんながら，東北の人たちはきっと，他国他宗教の人たちも私たちに手をさしのべてくれていると，心強くうれしい気持ちになったと思います。また，日本人のマナーについてもほめて下さったことは，東北の人たちが知ったらうれしいだろうなと思います。しかし，コミュニケーション力についてのご指摘もありました。もし万が一の時，私もイスラム教の方々がしたように無償で悲しむ人々を元気づけることをしたいです。コミュニケーションも中学生らしく元気にして，震災でおちいる人々の孤独を少しでも減らしたいです。

多くの生徒が感想に書いていたことが，ISとイスラームを結びつけていたことが偏見で誤りであったということである。生徒が変容したのは，クレイシさんというイスラームを信仰する人自身の口から，ISとは違うということを直接お聞きできたからである。

また，東日本大震災やホームレスへの炊き出しなど国内に限らず，アフガニスタンやシリアなど海外にも困っている人々がいれば支援をしていたことを生徒は初めて知った。信じている教えに基づく行動ができる強さ，優しさは，素直に生徒の心に届くことができたと感じている。

3-2　授業実践「ムスリムの生活～留学生Mさんから学ぶ～」

3-2-1　Mさんのお話の感想

B5用紙4分の1の感想を全員に記入させ，後日御礼の手紙と共に送付した。

２人の生徒の感想を紹介したい。

> ５回のお祈り，ヒジャブ（スカーフ）をつけなくてはいけないなど，すごく大変そうな印象を持っていました。しかし，３度の食事を抜けば体力が衰えるように，５回のお祈りを欠くと精神が衰えていくと，おっしゃったのを聞き，祈りを心の食事と考えれば，大変に思わないのかと納得しました。また，日焼け対策で日本の女性に対し疑問をお持ちなのを知り，人を見て大変だと思っていることを，何気なく自分もしていたりすることに気付かされました。Ｍさんや多くのイスラム教を信じる方々のように，１つのことを心から一筋で信じれる心が美しいと思いました。

> 私が一番心に残ったのは，ヒジャブやニカーブなどの女性がまとう布です。私は布をまいてかくす＝ファッションやおしゃれを気にしないということだと思っていました。しかし，いろいろなアレンジがあって，自分はここだけは意識したいといったこだわりもあって，ヘアアレンジと同じような感じだということがわかりました。見た目とかもやはり女性だから大切にしたいという気持ちもあるとわかって，そういう気持ちは世界共通だなと思いました。また，ヒジャブだけでなく，コーランはもっとお経みたいなものかと思っていましたが，歌のようにリズムがあってとてもきれいだなと思いました。

Ｍさんの感想の書き出し部分では，防災講演会でクレイシさんのお話をお聞きしていても，ISと関連して良い印象を持っていなかった，怖い，断食が大変，教えが厳しそうといった否定的な表現も一部に見られた。

しかし，今回，Ｍさんから直接お話をお聞きして，イスラームやムスリムへの理解が深まり，自らの意識やイメージを変えることにつながった。特にＭさんが用意してくださったスライド画面が，生徒の印象を変えた部分も大きかったように感じている。川べりの大きな石の上やタクシーのトランクの上で祈る姿やイスラームの結婚式の花嫁の写真，クルアーンを詠んでいるカーリーの様子などに生徒は興味を持った。

そしてイスラームについて知らないことを自覚して，もっといろいろなことを知りたいと考えるようになった。Ｍさんの女性の視点からのヒジャブのお話や実際にヒジャブを巻く体験なども生徒はさせていただいて，ヒジャブのかわいらしさやおしゃれ，ムスリム女性の慎ましやかな心に共感することができた。

そして，ルールが緩くなっている部分もある教えやイスラームの魅力にふれ，ムスリムの信仰心や団結力に尊敬を抱くようになった。

3-2-2　ブルキニ禁止について

写真 8-1　M さんからヒジャブと服を借りて試着した生徒たち

Mさんのお話を聞いた後の授業では，各クラスで内容の確認をしてお話がなかったことは教師から補足した。その後，ブルキニ禁止をめぐる記事（朝日新聞2016年９月２日の記事）を読んで，「ブルキニ禁止の何が問題なのか」をクラスで話し合った。

Mさんのお話を聞いていたこともあり，どのクラスでもブルキニはムスリムの女性でも海やプールで泳げるようにするという考えで発明されたものなのに，禁止されるとムスリムの人権を侵害する，差別することになるというブルキニ着用への理解を示す意見が多かった。

また，このブルキニは体の線を出したくない非イスラム教徒にも支持されていることから，体形などを他の人と比べられることを恥ずかしいと考える女性にも一方的な考えの押し付けという意見が出た。宗教を誇示しているわけではなく，イスラームへの理解不足であり，治安を乱すということが偏見であるという意見も出た。

ある生徒はこの日の授業感想で，次のように書いている。

> ムスリムの方の一例を学んで，改めて自分らと何ら変わらない，同じ存在だと認識できたので，何らかのきっかけがあったとしても，接し方を変えるのは良くないことだと思った。この「違う」ということが，いわゆる偏見や差別に直接つながってしまうことが，今の宗教に関わる差別になってしまっているのではないかと思う。ただ，違うだけで，むしろ自分の方に取り入れるくらいの勢いで，積極的に受け入れることが大切だと感じた。

イスラームやムスリムへの理解を深めることは，様々な少数者に対する私たちの心の持ち方や態度など価値観を変容させることにもつながるのではないかと感じている。

3-3　授業実践「日本におけるムスリムとの共生」

3-3-1　ムスリムのためにこれから整えていく必要があることは何か

これまでのクレイシさんや留学生Mさんのお話を踏まえて，社会全体として考えていかなければならないことを想定した。生徒からは次のような意見が出された。

> ハラールマークの物を集めた食品売り場の設置，礼拝スペースや祈禱室を増やす，メッカの位置案内の看板や地図に礼拝所の記号を設置，レストランのメニューを工夫する，和食は豚肉が多いので豚肉を除いた和食のアレンジ，ムスリムだからと変な目でじろじろ見ない，ISとつなげない，イスラーム＝危険というイメージや偏見をなくす，イスラーム全体を理解する，日本の行事の中にイスラームの行事を取り入れる。

外国人や留学生，定住者など様々なムスリムの人々にとって，具体的に生活しやすい環境を考えることができた。しかし，定住するムスリムにとってお墓が不足しているという考えは生徒からは予想通り出てこなった。そこで，在留外国人の死に寄り添う（朝日新聞2016年９月６日）記事を指導案②にあるように紹介した。土葬に対して抵抗感もあるので，身近な多磨霊園の外国人墓地にムスリムの人々が埋葬されていることを写真で紹介した。

3-3-2　警察の監視をめぐる最高裁の合憲判断

テロを防ぐために警察がムスリムを監視捜査することに対して最高裁が合憲の判断をした（朝日新聞2016年８月２日）記事を使って，賛成か反対かをクラスで討論した。

各学級40人のうち，賛成の生徒は少ないクラスで６人，多いクラスで12人，反対の生徒は少ないクラスで25人，多いクラスで31人であった。クラスの４分の１は最高裁の合憲判断に賛成している。

> **賛成派の代表的な意見**
>
> ・「何かあってからでは遅い，世界で沢山の悲劇が起きている以上やむを得ないし，逆にテロと隣り合わせで恐ろしい思いをしているから，イスラム教の人にも理解してほしい。」
>
> ・「イスラム国により日本人が殺害されたことがあるので，警察は事実をもとにその判断をくだしたはずだ。警察は事実をもとに，日本が安全であるために未

然に動いていく必要がある。」
・「万が一のために捜査しておくべき。まだイスラム教に対する理解が日本人にはあまりないから仕方がないと思う。」

反対派の代表的な意見
・「イスラム教を監視するというのは宗教による差別だと思うから，日本に住みにくくなる人もいるので監視すべきではないと思う。」
・「これがキリスト教だったらどうだろうと考えた時，キリスト教なら監視されないと思う。キリスト教は日本でも割りとポピュラーな宗教だからだ。そう考えるとおかしいと思う。」
・「憲法違反でないとしても人権を守ることが憲法の規定であるため，こうした判断は人種差別になると思う。日本はイスラムの人々への理解を高めていくべきだと思う。テロ対策も違う方法を取るべき。」

生徒自らも生活する日本の安全を考えた時には，クレイシさんやMさんとの出会いがあっても，生徒の頭の中ではテロへの恐怖からイスラームやムスリムへの否定的な思いが頭をよぎっていることがわかった。

今後，万が一にもテロ行為が起きてしまった時に，犯人とイスラームやムスリムが結びつくようなことで，多くの関係のないムスリムの人々が差別や偏見の下で生活することにならない日本であってほしい。学校でイスラームやムスリムを学び理解した若い世代こそが，差別や偏見が誤りであることを発信していってもらいたい。

3-3-3　高校生Ｈさん，Ａさんのビデオメッセージの内容

本プロジェクトで訪問したマスジド大塚で，同世代の高校生にインタビューをさせていただいたものである。

Ｈさんからは，信仰は当たり前で，禁じられたことをやると心がけがれる。いつも神に見られている，知られている。ISは悪くて，イスラームは美しくて平和であることをお話ししてくださった。ビデオには収録されていなかったが，グミは豚のゼラチンでできているので食べることができないこと，植物由来やゲル化剤のものなら食べることができるという話を伝えた。

Ａさんからは，信仰は習慣で誇りに思っている，日本人の感謝の気持ちや相手を尊重する姿は同じでお互いにわかり合える，中学生の時に編入して周りか

ら避けられたりしたので本当の自分，ありのままを見せることの大切さをお話ししてくださった。ビデオにはないが，断食期間中でも部活で試合があり楽しい人生であること，パンも味付けでアルコールを使用しているために食べることができないものがあり調べていること，豚は口にできず酒は飲めないがそれらがなくても生きられると考えていることを教師から伝えた。

ある生徒は次のような感想を書いている。

> 高校生の二人のムスリムのお話を聞いているうちに，違いを見つけるのではなく，まずは共通点を見出してみることは，文化の理解に大切なことだと感じた。違う，違うと言っているだけでは，お互いにずっとわかり合えないかもしれないが，共通点があると，親しみやすくなり尊敬の念も生まれやすいと思う。だから，私たちはお互いにまずは同じ部分を見つけ，次に自分には無い部分を相手から探すことで，尊敬しあえる関係になれるのだと思う。

ビデオメッセージではあったが，同世代の思いに共感して，共通性に目を向けることができた。

3-3-4　ムスリムと一緒に生活する上でこれからできることは何か

指導案①の「ムスリムのためにこれから整えていく必要があることは何か」が社会全体として考えていかなければならないことを想定したのに対して，指導案⑤の「ムスリムと一緒に生活する上でこれからできることは何か」は個人として考えなければならないことを想定した。

対象生徒は，1年生の地理的分野で生活と宗教のかかわりを学んだ後に「異なる宗教を信じる人々と共に生活するために大切なことは？」を考えている。その時にもわかり合う，ダメなことや失礼な動作を知るなどは意見として出されていた。さらに内容的に深めるのはもちろんであるが，今回も口先だけで終わらせずに学んだことを社会に生かすことを期待したい。

生徒からは次のような意見が出された。

> ・「まずイスラム教についてもっと勉強し，ムスリムのことを認められるようになる。」
> ・「レストランでも食べれないものがあるので，家で一緒に作って食べる。」
> ・「断食や礼拝のことをムスリムの方は当たり前と思っているからそれを当たり

前と受け入れる。
・「普通に接すること（みんなと変わらない接し方），これが一番難しいけど大切なことだと思う。」
・「イスラム教と聞くとテロを思い浮かべてしまうので，集団で見ないで個人で見ることが大切ではないだろうか。」
・「宗教のことは考えずに，その人の中身だけを見る。」
・「宗教は異なっても同じ人間なので，相手の中に自分との共通点を見つけて，対等な関係性を保つ。」
・「イスラームを異文化のひとつとして楽しむ。」
・「価値観が違うと面倒だと思ってしまうが，そういうことに楽しさやおもしろさを見つける。」

生徒が考えた意見の背景には，クレイシさんやMさん，Ｈさん，Ａさんとの出会い，そしてこの授業の中で聞いたお話があり，実際にこれから自分ができることとして具体的に考えることができたのではないかと思う。

4. 授業実践を振り返って

4-1　共感，共通性から価値観の変容へ

イスラームやムスリムの人々の生活と，私たちの生活との差異や特色の違いに目が行きがちであったが，ムスリムの人々との直接的なコミュニケーションから，信仰と結びついた生活に共感したり，共通性を見出したりすることができた。

ムスリムの人々の生活のそれぞれが一例に過ぎないわけだが，男女や年代，出身国が違うムスリムと生徒の出会いの場をつくることに意味があったと感じている。イスラーム過激派とテロ行為の印象が強い中で，クレイシさんから東日本大震災やホームレス，国外でも困っている人々を助ける姿を学んだことは真のイスラームの教えやムスリムの行動を理解することにつながった。

留学生Mさんからは，通り一遍のイスラームの教えではなく，女性ならではの視点からおしゃれなどへの共通の思いを見出すことができた。さらに高校生ＨさんとＡさんから，今この日本で私たちと同じように生活するムスリムと，感謝や相手を尊重する面などで共通性があることを指摘された。

価値観がそれなりに固まってきている高校生と違って，中学生のこの時期に

イスラームやムスリムへの理解を深めることで，その価値観を柔軟に大きく揺り動かす可能性があることを感じることができた。

4-2　学ぶ意義と教材選択

今回は公民的分野での授業実践であったが，留学生のお話を聞く機会は，地理的分野の生活と宗教とのかかわりのところで，中学1年生の時に設けた方がよいと感じた。小学校6年生でも世界の中の日本の役割で日本とつながりの深い国々を学ぶ機会がある。この小学校6年生や中学1年生の時期に留学生との交流の機会を通じて，ムスリムだけに限らず，世界の人々の生活の多様性と共通性を直接人々の姿から学ぶことに意義があると感じた。

イスラームやムスリムへの理解を深めるためには，教材選択の重要性を感じた。最初，キューピーマヨネーズのパッケージがキューピーちゃんへの誤解を解消するため変更されたことを取り上げようと考えた。しかし，イスラームの窮屈なイメージにつながるのでないかという意見を受けてやめることにした。現実に起きている問題に目を向けることも大切であるが，イスラームへ中学生が興味関心を持つ動機付けを優先すると，教材の取捨選択を考える必要がある。

4-3　次の実践に向けて

中学校社会科3分野にわたって，誤解や偏見を解消するためにも，イスラームとムスリムの人々の生活をどのように関連付けて，3年間の学習指導で何をどう取り上げていくべきか検討する必要がある。3年生の公民的分野では，基本的人権や政治の仕組みなどを学ぶからこそ，やはりその時々，今まさに問題になっていることについて，考え話し合うような学習活動を取り入れていきたい。

世界の人々の生活の多様性と共通性を直接人々の姿から学ぶことに意義があり，これからも出会いの場をつくっていきたい。どんな内容を取り上げるか，事前の打ち合わせが大切になってくる。教師側からの計画だけでなく，話す方の思いや願いも盛り込まなければならない。時間をかけず簡単に紹介程度で話された部分にも，生徒が共感し共通性を知ることになった場面もあった。余裕をもった時間設定をした方がいいと思った。

実際に，イスラームやムスリムへの理解を深めるためだけに焦点化した教材開発と授業時数の確保は難しいと思われる。本実践も精選が必要かもしれない。講演会などの設定は，社会科の時間数にも限りがあるので，総合的な時間や道徳の時間と関連付けて考えていきたい。

共感的理解や共通性に注目することは，イスラームやムスリムなどの異文化理解だけに限らず，社会のマイノリティの人々への理解や寄り添う姿勢を育む上でも大切である。ハンセン病患者とその家族，アイヌ民族の人々などとの共生を考える授業でも生かしたい。また，政治的に対立する相手国の人々に対してまず懸案事項がある中でも，共に一緒に生きているという実感となり，いつかわかり合える，友好な関係を築けることを信じていく気持ちにもつながってほしいものである。

参考文献

小村明子（2015）『日本とイスラームが出会うとき―その歴史と可能性』現代書館。
佐藤兼永（2015）『日本の中でイスラム教を信じる』文藝春秋。
店田廣文（2015）『日本のモスク―滞日ムスリムの社会的活動』山川出版社。
子島進（2014）『ムスリム NGO―信仰と社会奉仕活動』山川出版社。
松原直美（2015）『絵本で学ぶ　イスラームの暮らし』あすなろ書房。

第9章

アジアの多様なムスリムを理解する地理授業

——高校地理「東南アジアのイスラーム」——

栗山絵理

1. 本授業実践の趣旨・ねらい
——教材として取りあげる地域の選択——

生徒たちには，事前に「①ムスリムが最も多い地域の4択」および「②ムスリムが国民の過半数を占めるか否か」(p.15参照) に回答してもらった。その結果，授業対象クラス40人中35名もの生徒がムスリムは「西アジア・北アフリカ」に居住していると答えている。世界のムスリムは約17億5千万人で，世界宗教人口に占める割合は26.5％になる (2016年)[(1)]。このうち，約半数の8億人は「西アジアを除くアジア」，具体的にはインドネシア，パキスタン，インド，バングラデシュ，アフガニスタン，ウズベキスタン，中国，マレーシアといった東・東南・南・中央アジアに居住している。「西アジア・北アフリカ」に該当する地域には，およそ4億6千万人のムスリムが居住するが，割合としては3割弱であり，「西アジア・北アフリカにムスリムの6割強が住む」という認識は誤りである。

一方，「ムスリムが約半数を占める国」として選ばれている国は (複数回答／総回答数86人)，イラク (30人) ＞インドネシア (21人) ＞エジプト (20人) ＞マレーシア (9人) ＞インド (2人)・タイ (2人)・モンゴル (2人) の順である。実際にイラク，インドネシア，エジプトの人口に占めるムスリムの割合はいずれも8割以上を占めているが，インドネシア，エジプトについては正しい認識を持っている生徒は半数にとどまった。

図9-1にアジア州における人口半数以上をムスリムが占める国を示した。

中でもインドネシアは人口約２億７千万人（2019年）のうち87％（2010年）をムスリムが占めている。次いで，パキスタンは人口約２億２千万人（2019年）のうちの96％（2010年），バングラデシュは人口約１億６千万人（2019年）のうちの90％（2001年）を占めており，ムスリムの人口もこの３か国が極めて多いことがわかる。また，分布に注目すれば，アジア州でも西アジアから中央アジア，南アジアと東南アジアの島嶼部付近に二分していることがわかる。

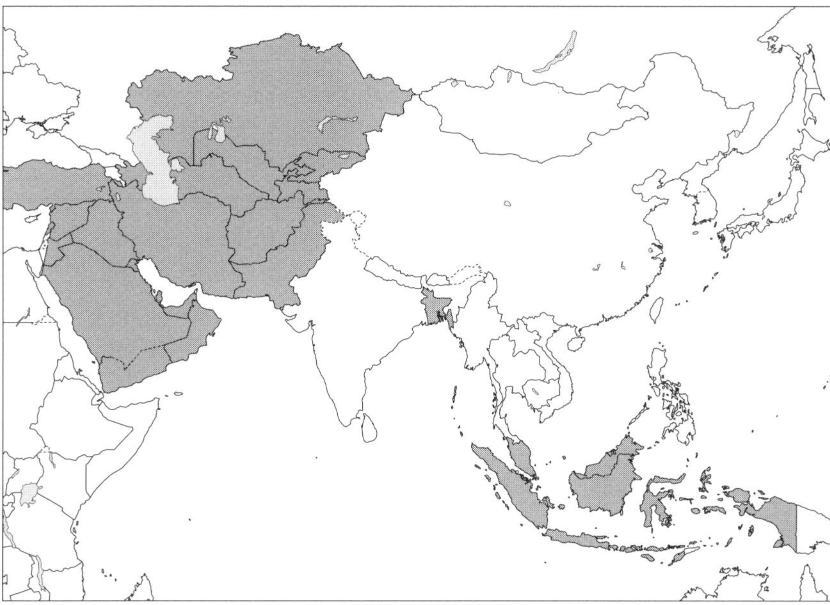

図9-1　アジア州における人口半数以上をムスリムが占める国（2016年作成）

一連の生徒の認識と地誌的観点から，実践授業の対象地域を砂漠ではない熱帯地域，さらにムスリムが半数以上を占めるだけでなく，様々な宗教を信仰する民族が居住するマレーシアに設定した。授業のねらいは，地誌的観点を通じて日本が位置するアジア州の多様性に着目し，イスラーム文化およびムスリムへの理解を深めることとした。授業構想は次のとおりである。

本実践は，2016年11月，高校１年生に地理Ａで実施したものである。

高校地理A「マレーシアの多民族共生について考える～多様性から探るイスラーム文化～」

	項目	内容・教材	生徒の活動
1時間目	導入 （10分）	・事前調査のフィードバック ・宗教人口に占めるムスリムの割合：22.1%（当時）	・ムスリム分布についての認識を確認する。
	展開① （15分）	・その1：東南アジアの多様性を知る ・日本とも地理的に近く，文化的・経済的にも交流が盛んな東南アジア（ASEAN10＋1）について情報を共有する。 ・写真ASEAN原加盟国5か国の地域的特徴を知る。	・東南アジアを確認する。 ・マレーシアに着目する。
	展開② （20分）	・その2：マレーシアの民族多様性について考える 基本事項を確認（作業プリント） ①位置：赤道と東経100度を確認・熱帯・新期造山帯 ②マレーシアの国旗と州：13州とクアラルンプール ③首都の雨温図の気候区分：Af ④民族の割合：ブミプトラ68%・中国系25%・インド系7% ⑤宗教の割合：イスラーム62%・仏教20%・ヒンドゥー教6% ⑥マレーシアの国語・国教：マレー語・イスラーム ⑦マレーシアの主な輸出品・産業：統計読み取り	・作業を通じてマレーシアについて地誌的に考察する。
	まとめ （5分）	⑧感想・初めて知ったことをまとめる	・ここまでの感想をまとめる。
2時間目	展開③ （20分）	・ワークシート ≪マレーシアの民族多様性について考える≫ 1：イスラームと文字について（資料集＋プリント） 2：ムスリムの日常生活について（資料集＋プリント） 3：産業とハラールについて（統計要覧＋プリント） 4：マレーシアの民族共生について（プリント）	・ワークシートの内容を4分担し，情報を読み込む。 ・A4サイズのプレゼン資料を作成する。（回収）
	展開④ （20分）	・ワークシートを使って情報を共有する ≪マレーシアの民族多様性について考える着眼点≫ 1：イスラームの伝播・忌避食物・ルミとジャウィ 2：六信五行，タブー，クルアーン，ラマダーン 3：イスラームに基づく商品とサービス，否定的態度・肯定的態度 4：国民の祝日と学校制度	・まとめた内容をグループで共有する。（3分） ・説明を聞き，内容をワークシートにまとめる。（質疑含め2分）
	まとめ （10分）	・コメントペーパー	・コメントペーパーをまとめる。（回収）

2. 授業の実際

1時間目では，東南アジアの多様性およびマレーシアの多様性について作業を踏まえた講義形式で解説した。その中で，ASEANと日本の貿易上のつながりや日本の投資先としては最大の地域であることを確認した。また，教科書会社が提供している写真を用いて各国の様子を視覚的に確認した。そのうえで，マレーシアの民族が多様であることに着目し，後半の「マレーシアの民族多様性を考える」につなげていった。ここでは作業プリントを用いて，マレーシアの基本情報を確認した。「ブミプトラはマレー民族や先住民を指すこと」，マレーシアでは「ブミプトラ政策」という「中国系との経済格差を是正するため，就学・就職・企業設立などにおいてブミプトラを優遇する措置」がとられていることを説明した。動態地誌的には，経済動向からブミプトラ政策が読み取れる一次資料を提供できればより踏み込んだ内容になると考えられる。

次に，ワークシートを配布して，役割分担の確認と自分が説明すべき「マレーシアの民族多様性を考える」うえでヒントとなる資料プリントを4分担してまとめ（表9-1），他の分担の生徒に短時間で説明するためのプレゼン資料を一人一枚作成させた。他の役割の生徒に情報を提供する意識を持つことで，同じ役割の生徒が資料を吟味してプレゼン資料を作成した。要点を絞るにあたって，よく話し合って気づきを共有しているようすがみられた。

表9-1　生徒の役割と主な資料

1. イスラームと文字	資料集（『新編 地理資料 2016』とうほう），補足資料①
2. ムスリムの日常生活	資料集（『新編 地理資料 2016』とうほう），補足資料②
3. 産業とハラルについて	『統計要覧 2016年版』二宮書店，補足資料①
4. マレーシアの民族共生	補足資料③④

補足資料

①東京外国語大学アジア・アフリカ言語文化研究所『FIELD PLUS』no.16（2016）「特集　イスラームに基づく商品とサービスの多様性」。

②JETROアジア経済研究所Webページ（https://www.jetro.go.jp/world/asia/my/）2016年11月閲覧

③ワンストップマレーシアWebページ（http://www.onestopmalaysia.com/holidays-2016.html）2016年11月閲覧

④外務省「世界の学校を見てみよう　マレーシア」（https://www.mofa.go.jp/mofaj/kids/kuni/malaysia.html）2016年11月閲覧

作業プリント

その２：多民族共生について考える

①下の白地図に赤道および100° Eを書きましょう。

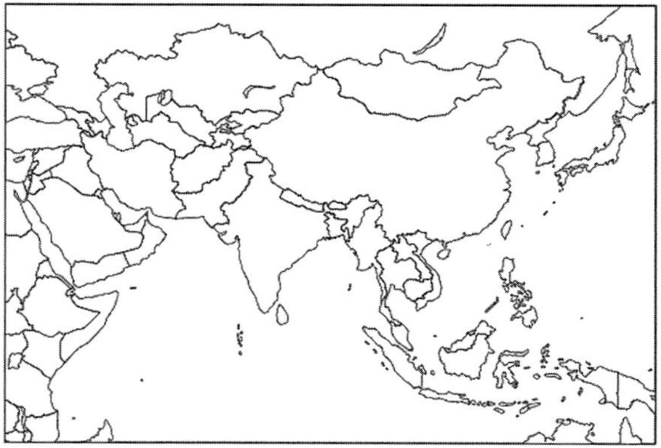

②

③

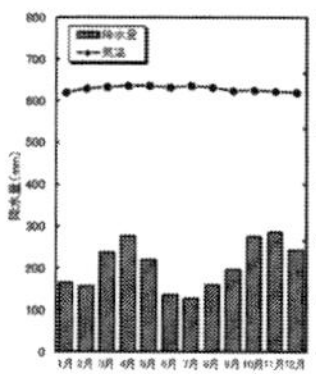

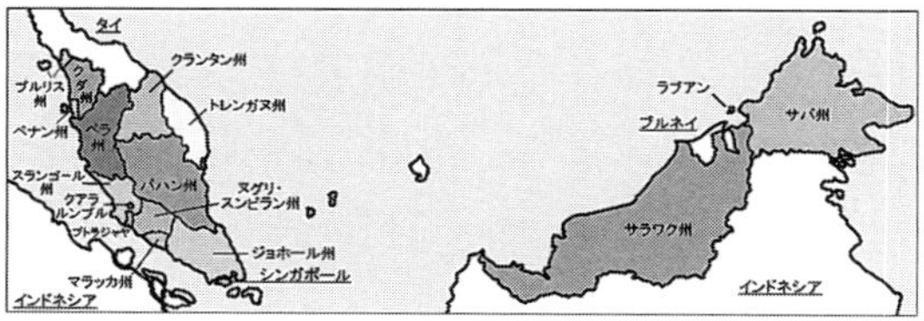

④民族

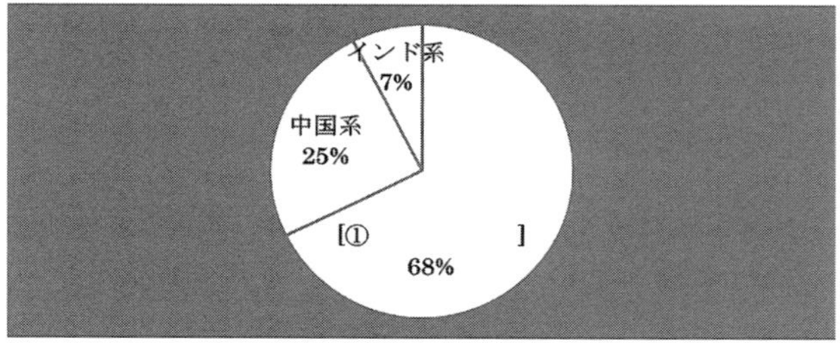

⑤宗教

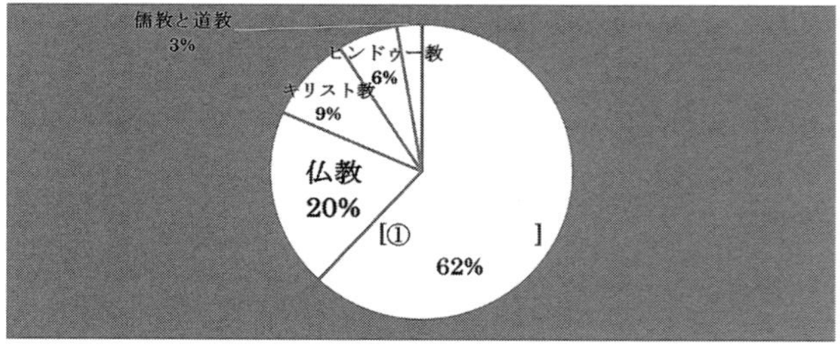

⑥国語：＿＿＿＿＿＿＿＿＿＿　国教：＿＿＿＿＿＿＿＿＿＿

⑦主な輸出品・産業（予想）：＿＿＿＿＿＿＿＿＿＿

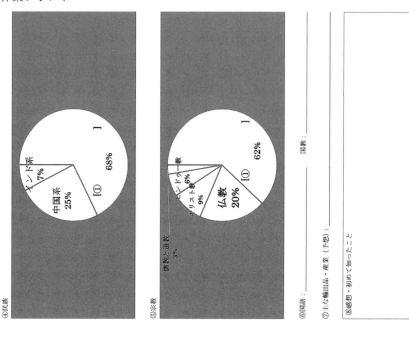

⑧感想・初めて知ったこと

ワークシート

≪マレーシアの多民族共生について考える≫

●２時間目にやること

１．自分の分担を確認する。
（１：宗教と文字／２：ムスリム／３：産業／４：民族）

２．右図Ｂの席に移動して、担当の内容について情報交換を行う。（20 分間）

３．右図Ａの席に戻って、４人で机を合わせる。
１人３分ずつ順番に、担当した内容について他の３人に教える。メモを取りながら聞く。（20 分間）

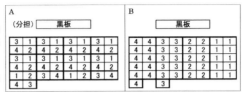

A

（分担）黒板

3	1	3	1	3	1	3	1
4	2	4	2	4	2	4	2
3	1	3	1	3	1	3	1
4	2	4	2	4	2	4	2
1	2	3	4	1	2	3	4
4	3						

B

黒板

4	4	3	3	2	2	1	1
4	4	3	3	2	2	1	1
4	4	3	3	2	2	1	1
4	4	3	3	2	2	1	1
4	4	3	3	2	2	1	1
4		3					

１．イスラムと文字 ・イスラムの伝播 ・イスラムの忌避食物やハラルとは何か	・ルミとジャウィとは何か。 ・ジャウィの新しい意義とはどのようなものか。
２．ムスリムの日常生活について ・六信五行とはどのようなものか。 ・タブーとはどのようなものか。	・ヒジュラ暦とラマダーンとはどのようなものか。
３．産業とハラルについて ・貿易統計にみるマレーシアの特徴・主輸出品・主産業はどうか。 ・イスラムに基づく主な商品やサービスの例はどのようなものか。	・非ムスリムの否定的態度・肯定的態度の事例はどのようなものか。
４．マレーシアの民族共生について ・マレーシアの国民の休日にはどのようなものがあるか。 ・マレーシアの民族共生について、どのようなことが言えるか。	・マレーシアの学校制度の特徴はどのようなものか。

プレゼン資料（生徒作成）

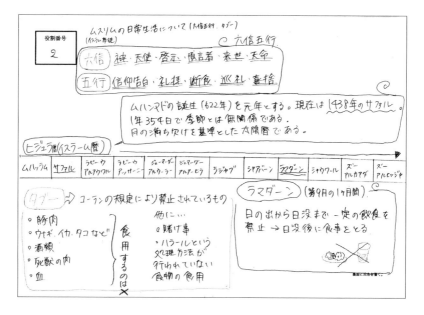

役割１

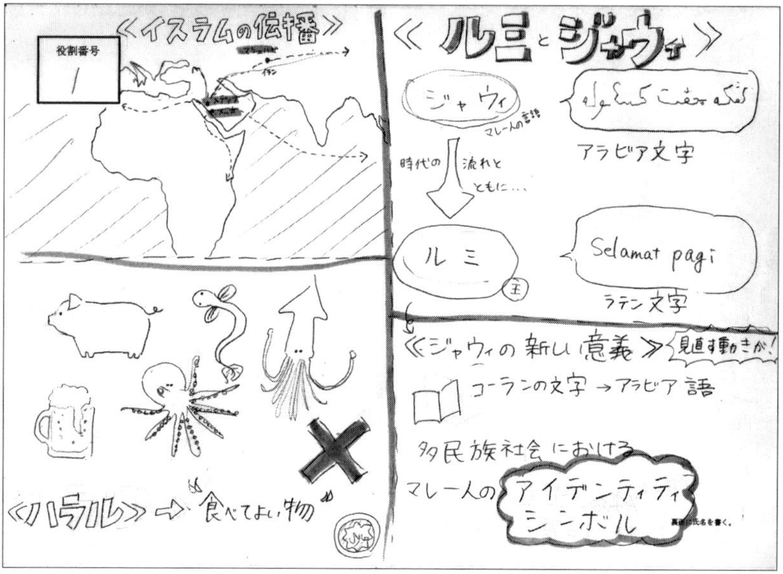

役割２

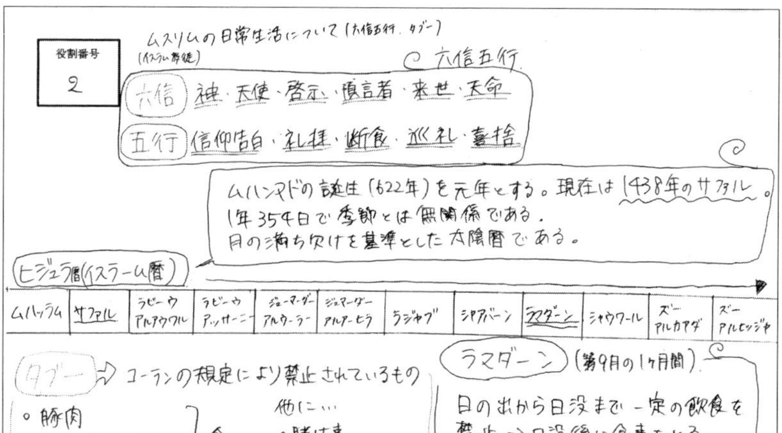

役割 3

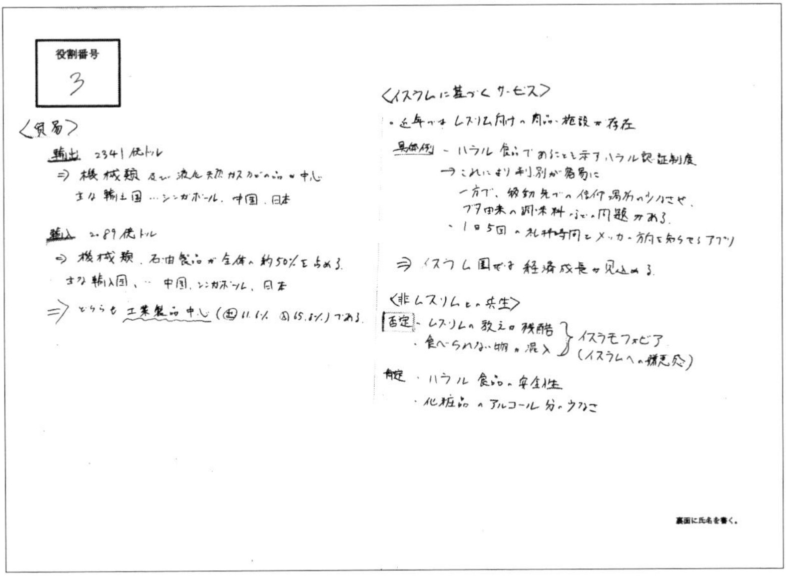

役割番号
3

〈貿易〉
輸出　2341 億ドル
⇒ 機械類及び液化天然ガスなどの品が中心
　主な輸出国…シンガポール，中国，日本

輸入　2089 億ドル
⇒ 機械類，石油製品が全体の約50%を占める．
　主な輸入国…中国，シンガポール，日本

⇒ どちらも工業製品中心（㊤11.1% ㊦65.8%）である．

〈イスラムに基づくサービス〉
・近年ではムスリム向けの商品・施設が存在
具体例－ハラル食品であることを示すハラル認証制度
　→これにより判別が容易に
　一方で，勤務先での信仰場所の少なさや，
　ブタ由来の調味料などの問題がある．
・1日5回の礼拝時間とメッカの方向を知らせるアプリ

⇒ イスラム圏では経済成長が見込める．

〈非ムスリムとの共生〉
否定・ムスリムの教えは残酷
　・食べられない物が混入 ｝イスラモフォビア（イスラムへの嫌悪感）
肯定・ハラル食品の安全性
　・化粧品のアルコール分の少なさ

裏面に氏名を書く。

役割 4

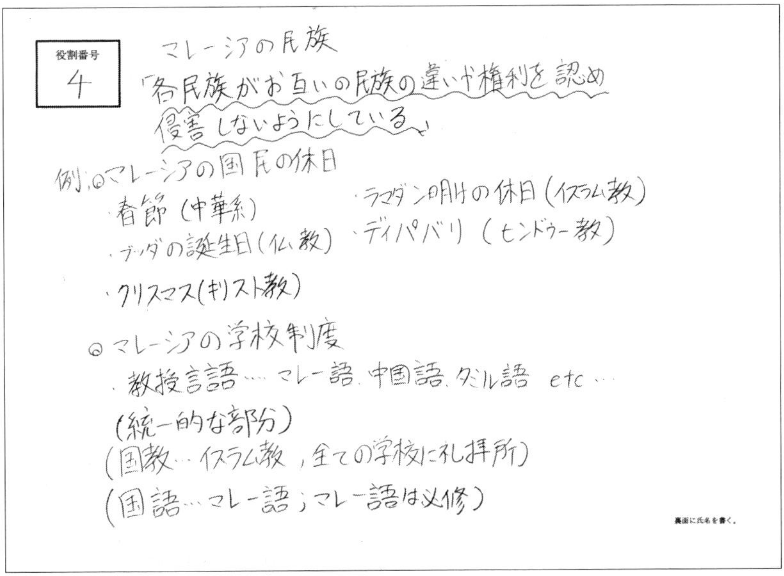

役割番号
4

マレーシアの民族
「各民族がお互いの民族の違いや権利を認め侵害しないようにしている」

例．◎マレーシアの国民の休日
・春節（中華系）
・ブッダの誕生日（仏教）
・クリスマス（キリスト教）
・ラマダン明けの休日（イスラム教）
・ディパバリ（ヒンドゥー教）

◎マレーシアの学校制度
・教授言語…マレー語，中国語，タミル語 etc…
（統一的な部分）
（国教…イスラム教，全ての学校に礼拝所）
（国語…マレー語；マレー語は必修）

裏面に氏名を書く。

3. 生徒の学び

国家の７割弱を占めるブミプトラはおおよそムスリムであり，マレーシア多民族社会の中核をなしているイスラームについて理解を深めなければ，共生について考察できない。「マレーシアの民族は共生していると考えるか否か」を授業のまとめとして設定し，学習した内容から自分の意見を述べてもらった。結果は以下の通りである。

★マレーシアの多民族は共生していると考えるか否か，また，どのようなことからそう考えましたか。

・共生している（39人）／共生していない（３人）

・共生していると考える理由：以前，クアラルンプールに住んでいた。その時に例えば食料品売り場では必ずハラールマークがついていたり，ムスリムのために豚肉は別の売り場で売られていた。また，中国系の人も多く住んでいるため中華料理屋が沢山あった。どの文化もおさえられることなく，逆に多くの文化を楽しんでいる感じがしたため。／教育では各言語の学校を用意したり，礼拝堂を学校に設置したりする工夫がなされ，州によっては少数民族の祭日に州の休日を設けているところもある。このように少数派の尊重がきちんと行われているため。／国民の休日が各宗教の祝日というのは，多民族共生をあらわしている気がする。／３言語の小学校が選べ，自分の民族に合った学びの場があること。政治においても多民族の共存が意識されていて，政党や演説で多言語が認められている。

・共生していないと考える理由：マレーシアにもともといた人々が移民におされ気味であったり，民族間に差がありそう。／ムスリムと非ムスリムの溝がある。非ムスリムがムスリムの屠畜方法が「残酷だ」と批判したり，ムスリム難民への炊き出しの際に非ムスリムが豚肉を故意に混ぜるなど，非ムスリムの人の否定的態度が存在しているから。／現地民族が漢民族に負けているからと優位な条件においてしまうのはちょっとした区別というか，不平等な気がするから。

さらに「マレーシアのようすのうち，今後の日本や世界の情勢に影響を与える事柄」および「新たに疑問に感じること」を記入してもらった。学習した内容から今後の世界の展望を考察することや授業後に自分が発見した疑問点を書き留めておくことが地誌的な考察を深めるうえで大切であるし，社会的事象への関心・意欲を高めることにもなるであろう。

4. 授業実践を振り返って――地理総合の授業に向けて――

この授業が,「異質な考えを認めない」「砂漠の宗教」というイメージが強かったイスラームの捉え方を緩和する一助になれば良いと思う。ただし，提供した補足資料がマレーシア社会の良い部分に焦点をあてた表現になっているものが多く，大多数の生徒が「マレーシアの多民族は共生している」という意見になびいてしまったことも否めない。資料教材を準備する段階で，双方の側面から説明しているものを取捨選択するべきであった。

共通必修科目の「地理総合」では「国際理解と国際協力：生活文化の多様性と国際理解」の学習内容の改善・充実が求められている(2)。ここでは，生活と宗教の関わりについて取り上げ，日本との共通点や相違点に着目し，多様な習慣や価値観などをもっている人々と共存していくことの意義に授業を通じて生徒が気づきを得ることが求められている。日本国内には11万人以上のムスリムが居住していて，その多くはアジア州の出身である（2010年）(3)。そして，日本と近接するアジア州にはムスリムが多く存在している。図9-1には表れないが，14億3千万人（2019年）の人口を誇る中国の新疆ウイグル自治区や西夏回族自治区にはムスリムが集住しているし，13億6千万人（2019年）の人口を誇るインドにも人口の14%に相当する約1億9千万人（2011年）のムスリムが存在している。アジアのムスリムを知ることは，日本のムスリムを知ることにつながる。日本のムスリムを理解することは，アジアのムスリムを理解することにつながる。身近な国際理解の視点が，やがて世界の国際協力の視座になり得る。ここに地理という科目が貢献できる。

[注]

（1）本稿の統計数値は,『データブック・オブ・ザ・ワールド2020年版』二宮書店による。
（2）『高等学校学習指導要領（平成30年告示）解説地理歴史編』による。
（3）店田廣文・岡田宏文（2015）「日本のイスラーム ―ムスリム・コミュニティの現状と課題」『宗務時報』119，文化庁．pp.1-22による。日本国内のムスリムを主題に置いた授業については，第11章3-2にまとめてある。

コラム3

中国のイスラーム探訪

栗山絵理

中華人民共和国は14億1千5百万人の人口を誇り，五大宗教（道教・仏教・プロテスタント・カトリック・イスラム）を掲げる巨大国家である（2018年）。漢族が9割を占めるが，他にも55の少数民族が住んでいるとされる。国内には，新疆ウイグル自治区・チベット自治区・内モンゴル自治区・寧夏回族自治区・広西壮族自治区の主要民族に基づいた5つの自治区がある。中国のムスリムは，新疆ウイグル自治区のウイグル族や寧夏回族自治区の回族などが主であろう。

新疆ウイグル自治区の中心都市であるウルムチ（烏魯木斉）には，ムスリムのウイグル族が集住している。近年，西部大開発の対象ともなり，石油や天然ガスなどの資源開発のため，漢族も多く居住している。しかし，ウルムチの市街地の中心には，モスクが点在し，ムスリムのための伝統的な衣装を売るマーケットやウイグルの食文化を継承するレストランが散見される。ウイグル族のムスリムは，四角い形状の帽子を身に着けている。緑のもの，柄の入ったもの，女性用に花柄のものまである。グランドバザールに続く大通りのマーケットで，試着をして，頭のサイズに合うウイグル帽を購入して帰国した。

ウルムチのグランドバザールに入るには，セキュリティーチェックを受けなければいけないが，中に入るとウイグル族の憩いの場となっている。グランドバザールのレストランで，羊肉のさっぱりとしたピラフを食べた。ウイグル族の母娘ペアと相席になると，「これがウイグル式よ」というようにチャイを淹れて振る舞ってくれた。御礼に手元の日本語のガイドブックをお見せすると，グランドバザールの紹介やウルムチの地図が掲載されているページを興味深そうに眺めていた。ピラフと一緒に果実の味の甘いジュー

写真1　ウルムチ市内のモスク（2018年8月）入口には中国の国旗が掲げられている（白丸部分）。

写真2　ウルムチのグランドバザールのレストランにて（2018年8月）
ウイグル族が好む羊肉のピラフ（右）とジョッキに入った茶色いジュース（左）

写真３　蘭州市の屋台（2018年８月）
回族が営む「清真」の屋台。バーコードからキャッシュレス決済も可能。

写真４　黄河と蘭州市街地眺望（2018年８月）
手前には緑に輝くモスクと尖塔が見える（白丸部分）。

ス。てっきり生ビールと思って注文したのだが，そうだった，ここはイスラム文化圏…。

ウルムチから陸路や空路で東へ。途中，敦煌，西寧に立ち寄り，蘭州で市街地を散策。黄河の両岸に広がる蘭州市は，寧夏回族自治区も近く，男性は白いイスラム帽を着用し，女性はスカーフを着用する回族の姿が多く見られる。ムスリムが食べるハラルの食品には，「清真」のマークが示される。蘭州市の路上では，たくさんの「清真」屋台が賑わっている。

さらに，西安には「回民街」と言われる回族の集住地域がある。ここには，ムスリムでない漢族には珍しいであろう羊肉の串焼き，羊肉の小籠包，羊肉の炸醤麺などのレストランが建ち並ぶ。美味しい料理にはビールと思っても，やはりここもイスラム文化圏，「本店清真禁止飲酒」の張り紙が…。回民街の奥には「西安清真大寺」という現存する中国最古のモスクがある。漢字とアラビア文字が併記され，奥にある礼拝堂には無数の座布団が置かれている。柱には１日５回の礼拝の時間が示された時計が掲げてあった。回民街の賑わいから一変し，清真寺には静かな時間が流れていた。

写真５　西安市の清真寺（2018年８月）
一見仏教寺院のようだが奥の本堂がモスクの役割を果たす。

写真６　イスラム時計（2018年８月）
５回の礼拝の時間を示す。

コラム 4

インドのムスリム

――歴史と現在――

小林理修

インドのムスリムは，総人口比は14％という少数派でありながら，その人口が１億７千万人を超える（2011年国勢調査）。この少数派の集団は，2060年にはインドネシアの総人口を上回り，インドが３億人をこえる世界最大のムスリム人口を抱えることになると予測されている[1]。

高等学校の世界史の教科書では，ヒンドゥー・ムスリムの対立から，英領インドは「ヒンドゥー教徒を主体とするインド連邦とイスラーム教徒によるパキスタンの２国に」分離独立したことが記述されている[2]。この叙述の流れの中で，独立後のインドにおけるムスリムについて改めて取り上げられることはない。しかし，様々な宗教を信じる人々の共生ということを考えるとき，現代インドは多くの参考となる事例を提供してくれるであろう。

中等教育では，六信五行といった最も基礎的なイスラームの教えが取り扱われる。その土台のうえに，実際のムスリムの信仰生活では，各地の伝統などが重ねられた多彩な姿がみられる。インドにおいては，13世紀初めにはインドに拠点をおいたムスリム政権ができ，16世紀に成立したムガル朝はムスリムとヒンドゥーからなる多様な家臣たちに支えられ大帝国を築いた。歴史研究者の真下裕之は，ムスリム政権による南アジアほぼ全域の支配を経ながらも，ムスリムが少数派に止まった事実から，「南アジアのイスラーム化は在来の諸宗教との関係においては，排除よりはむしろ共生を確立するプロセスであった」と論じる。「イスラーム化」の実態は個別の事実をもとに考える必要がある[3]。

少数派とはいえ，ムスリム人口が増加したことは疑いなく，その理由の一つとして聖者の影響が挙げられる。イスラームにおける聖者は「神の友」として神と人とのあいだをとりなす存在であり，現世利益を求める信者の聖者廟参詣は現在でも盛んである（サ

写真１　ムハンマド・ガウス廟のかたわらに眠るインド音楽の楽聖ターンセン（グワリオール。筆者撮影）

写真２　ムハンマド・ガウスの墓。柵にたくさんの願いが結びつけられている（グワリオール。筆者撮影）

ウジアラビアのワッハーブ派のように参詣に批判的な人びともいる)[4]。現代インドにおいても，イスラム聖者の墓や廟は各所にみられるが，参詣者にヒンドゥーも含まれることがあるのが特徴である[5]。

ムスリム政権のもとで諸宗教の共生がみられたように，非ムスリムに政権が移っても，それらの聖者への崇敬が続けられてきた例もある。インド中部の城塞グワリオールはムガル時代にもラージプートが長く治め，その後マラータ政権が18世紀末に奪取した。英領インド時代を経て，現在の都市人口に占めるムスリムの割合は6～7％といわれる。その街には現在も多くの聖者廟が残され，その祭りには多くのヒンドゥー教徒も参加しているという[6]。

とはいえ，現代インドにおける少数派としてのムスリムが置かれた状況に諸種の困難があることも確かである。独立後のインドはセキュラリズム（世俗主義）を国是とした。その一方でコミュナリズム（宗派主義）の対立が続いてきた[7]。公的雇用や消費支出，所得，教育水準といった社会経済的地位は他の宗教コミュニティに比べると低い[8]。2019年には，アヨーディヤ問題でヒンドゥー極右に破壊されたモスクの跡地へのラーマ寺院建設を認める最高裁判決が出された。ヒンドゥー至上主義政権の下，2019年には，ムスリムが多数派であるカシミールの自治権剝奪，ムスリム難民のみを除外した市民権法「改正」といった政策も進められた。カシミールではインターネットが遮断され，後者に対する抗議活動への取り締りでは死傷者も出ている。長い共生の歴史とともに，同時代的な差別の問題もここにはある。「共生社会」という語にどのような意味合いを込める者にとっても，その動向から学ぶべきことは多いであろう。

注

(1) Diamant, J. (2019) The countries with the 10 largest Christian populations and the 10 largest Muslim populations.（https://www.pewresearch.org/fact-tank/2019/04/01/the-countries-with-the-10-largest-christian-populations-and-the-10-largest-muslim-populations/2020年1月14日アクセス）

(2) 木村靖二ほか（2016）『詳説世界史改訂版』山川出版社，p.378。なお，分離独立したパキスタン（現在のバングラデシュを含む）にも，ヒンドゥー教徒その他の宗教マイノリティが存在してきた。

(3) 真下裕之（2008）『イスラーム化の史実と伝説．共生の人文学』昭和堂，pp.191-194。

(4) 守川知子（2006）『聖者廟参詣．ワードマップ　イスラーム』新曜社，pp.87-92. インドにおいてもデーオバンド派は聖者崇拝を批判する。山根聡（2011）『4億の少数派』山川出版社，p.52。

(5) 小牧幸代（2010）「イスラーム」田中雅一，田辺明生編『南アジア社会を学ぶ人のために』世界思想社，p.117。

(6) Gold, D. (2005) The Sufi Shrines of Gwalior City, *The Journal of Asian Studies*, 64-1, pp.127-129。

(7) B. メトカーフは，「コミュナリズム」は実際には「人種主義」であるとするD. チャクラバルティの見解を紹介している。Metcalf, B. (1995) Too Little and Too Much. *The Journal of Asian Studies*, 54-4, p.963。宗派暴動のメカニズムについては，近藤則夫（2009）インドにおけるヒンドゥー・ナショナリズムの展開．『インド民主主義体制のゆくえ』アジア経済研究所．参照。

(8) 田辺明生（2019）『独立後インドの社会と文化．南アジア史4』山川出版社，pp.304-306。

第10章

多文化共生の状況とその変化を史料から読み取る世界史授業

――高校世界史「イスラーム世界とヨーロッパ中世世界の関わり」――

山本勝治

1. 本授業実践の趣旨・ねらい

1-1　教材選定における問題意識

世界史において，前近代史の単元では，イスラーム世界の形成と発展，および融合文明としてのイスラーム文明について取り上げる。現代史の単元では，パレスティナ問題などイスラームが関係する事象について「諸問題」として取り上げる場面も多いかと思われる。多くの生徒にとって遠い過去の出来事である前近代史よりも，近現代史の方が具体的なイメージを持ちやすいであろう。しかし，現在の時事問題の認識枠組み（しかも偏った見方）でイスラーム（世界）が把握されているのではないかと危惧している。世界史でイスラームを扱う意義と，生徒の認識との間には，大きな乖離があるように感じられる。

そこで本授業実践では，異文化理解を促す単元として，前近代のイスラーム世界に関わる具体的な「併存」（≒「共存」・「共生」）の場面を取り上げて考察を加えていくことにした。取り上げたのは，イスラーム世界と西ヨーロッパ中世世界が関わり合っていた事例であり，特にイベリア半島に焦点をあてた。教科書では，十字軍やレコンキスタの過程で対立関係を軸に生徒に捉えられてしまう項目もあるが，他方ではイスラーム文化の西ヨーロッパへの伝播についても扱われている。それでは，両者はどのような場面でどのように関係を築いていたのであろうか。併存（共存・共生）の姿はどのような歴史的状況のなかで実現していたのであろうか。このような課題に迫っていく。

生徒が資料（史料，外国の教科書，他）を分析して読み取ったことを根拠として示しながら異なる視点からアプローチし，議論する。そのような生徒主体の学びを通して，探究課題に迫り，歴史的思考力を培っていくことを想定した授業実践である。

なお，次期高等学校学習指導要領において，現行の「世界史A」・「世界史B」は，「歴史総合」・「世界史探究」という新科目に転換され，学びの在り方が大きく変わることになる。本授業実践は，その成果が「世界史探究」の教材開発にも活用されることを念頭においたものである。

1-2 教材化の視点

伊藤（1985）[(1)]等で取り上げられているいわゆる西欧文明へのイスラームの影響の大きさ，すなわち「12世紀ルネサンス」の意義については，「世界史B」教科書においても強調されている。デュフルク（1997）[(2)]は，イスラームとヨーロッパの関わりについて「共存」よりも「衝突」の方に注目しているが，同時代のキリスト教世界に比べればイスラーム世界における非ムスリムの方が「自治」が認められていたという相対的視点を提示する。グタス（2002）[(3)]は，アッバース朝におけるギリシア語からアラビア語への翻訳活動について取り上げている。本授業実践においても登場するイベリア半島におけるアラビア語からラテン語への翻訳活動と併せて取り上げることにより，古代ギリシア文化がイスラーム世界を通して西ヨーロッパ世界に伝えられた状況を教材化することができる。内藤（2004）[(4)]は現代におけるヨーロッパとイスラームの共生について論じているのであるが，その際に本実践で取り上げている中世世界における「共生」の意義に注目している。

これらの研究も参考にしながら，イスラーム世界におけるヒトとモノのネットワーク，それを支えたイスラーム都市の経済活動および学問伝播の場としての機能にも注目したい。田尻（2013）[(5)]はイブン＝バットゥータ[(6)]を取り上げた「グローバル・ヒストリーの視点からの授業作り」を紹介している。イブン＝バットゥータの旅を可能にしたイスラーム世界のシステムはどのようなものであったか，という視点で生徒に考えさせる授業が構想できるであろう。

また，生徒に史資料を分析させることによって異なる視点に気付かせる授業として，十字軍に関するアミン・マアルーフ（2001）[(7)]や，十字軍当時の医療技術に関するイブン・ジュバイル (2009)[(8)]は有効である。

中世スペイン史研究では，古くからスペイン文化の軸となっているものは何かということについて，代表的な２つの見方がある。これらは，イスラームの影響をどのように捉えるかという点で相反する見方となっている。

一つは，サンチェス・アルボルノス[(9)]に代表される史観で，古代ローマや西ゴートから継承した遺産がスペインの深層であるという捉え方である。イスラームの影響を少なく評価する伝統主義的スペイン史観である。

もう一つは，アメリコ・カストロに代表される史観で，イスラーム・キリスト教・ユダヤ教の交流の中からスペイン文化が形成されたとする捉え方である。最近の研究では，例えばメノカル (2005)[(10)]もこの視点に立脚している。

本実践研究における中世スペイン史の捉え方は，基本的にはアメリコ・カストロの立場である。もちろん，スペイン史研究ではなく，あくまで高校「世界史Ｂ」の授業実践であり，複雑な状況をふまえた歴史学の研究成果をそのまま教材化することはできない。他方で，中世スペイン史が常に平和共存の世界であったかのような過度の単純化や理想化は避けなければならない。このような留意点に関連して，黒田 (2006, 2014, 2016)[(11)]に注目したい。黒田は一連の研究において，寛容か不寛容か，戦争か平和か，という二項対立の図式を否定し，常に一定の「共存」と相互依存関係があったことを論じている。

そこで，イベリア半島 (スペイン) における「イスラーム世界とヨーロッパ中世世界の関わり」の授業を構想するにあたり，「対立」や「軋轢」と反対の状況を示すことになってしまう「共存」ではなく，「対立」や「軋轢」とも両立が可能な「併存」として歴史を捉えることにした。そして，様々な「対立」や「軋轢」を抱えながらも，異文化 (異なる社会) がどのように「併存」できていたのか，史料から読み取ったことに基づいて考察する授業を開発してみることになったのである。

本実践は2018年６月に，本校第６学年 (＝高校３年生) 「世界史Ｂ」選択者28名に実施したものである。

2. 授業の実際

2-1　本授業「イスラーム世界とヨーロッパ中世世界の関わり」の位置付け

①２つの大単元「イスラーム世界の形成と発展」と「ヨーロッパ世界の形成

と発展」の関連性に焦点を当てた特設授業として位置付ける。

②2つの大単元で扱う2つの歴史的地域世界が密接に関わる地域の事例としてイベリア半島（スペイン）を取り上げる。

③いわゆる文化史に特化せず，政治や経済との関連も含めて総合的に考察できるように留意する。

2-2 本時の学習目標

本授業実践は，2018（平成30）年3月に公示され，2022年度の高校1年生から年次進行により適用される高等学校学習指導要領における新科目「世界史探究」を想定している。そのため，各目標の末尾に示したのは，新学習指導要領の観点である。

①8～15世紀のイベリア半島（スペイン）において，イスラーム世界／社会と西ヨーロッパ中世世界／社会がどのように関わっていたか，対立と協調など，異なる視点から理解する。…〈知識・技能〉

②8～15世紀のイベリア半島（スペイン）におけるイスラーム世界／社会と西ヨーロッパ中世世界／社会の関わりについて，史料から適切に情報を読み取り，それをもとに考察する。…〈知識・技能〉

③8～15世紀のイベリア半島（スペイン）におけるイスラーム世界／社会と西ヨーロッパ中世世界／社会の関わりについて，史料等を分析して理解したことを根拠に，様々な視点から議論する。…〈思考力・判断力・表現力等〉

④8～15世紀のイベリア半島（スペイン）において，イスラーム世界／社会と西ヨーロッパ中世世界／社会がどのように併存（共存，共生）していたのか，それを可能にした仕組みは何であったのか，追究する。…〈思考力・判断力・表現力等〉

2-3 学習指導計画立案における留意点

①世界史の展開への位置付け

世界史の大きな流れの中で当時のイベリア半島史（スペイン史）を位置付ける。その後の近世ヨーロッパ世界（15世紀末以降，ルネサンス，大航海時代，絶対王政，など）への見通しが持てるようにする。

②生徒による資料を根拠とした判断・評価・考察

中世スペインにおける異文化併存（共生）の状況を（教師が）教える，のではなく，資料（史料，他）に基づいて生徒自身が対立する見方もふまえて判断・評価・考察する。

③生徒による歴史的意義の評価

生徒の認識の大前提として想定されることとして，異文化の共生は難しい（だから何らかの工夫や手立てが必要）というような倫理的（道徳的・人権的）な認識が想定される。そのような考察ではなく，歴史的な状況の中でどのような併存（共存・共生）の状況があったのか，それが可能であった仕組みや利害関係は何であったのか，ということが追究できるようにする。

④一般の高等学校における実践可能性への配慮

「研究のための授業実践」とならないようにする。具体的には，教材研究において専門分野に特化した知識・技能が必要な資料を取り上げたり，高度な授業分析手法を用いたりすることは避ける。反対に，生徒が持っている教材（教科書・副教材）を「資料分析」の対象とすることにより，通常の授業として実践できることを示す。

2-4　本時の学習活動

	学習項目（探究課題）	学習活動	指導上の留意点・備考
導入 10分	イスラームに関して 8～15世紀のイベリア半島（スペイン）	東京からメッカの方角 （正距方位図での確認） 『クルアーン』の特質 （狭義の宗教的内容以外も含まれている…例：相続に関する規定） 西ゴート→（後）ウマイヤ→ベルベル人の進出／レコンキスタ→ナスル朝滅亡／スペイン王国による統一	本授業は「ヨーロッパ世界の形成と発展」の大単元の途中で実践する特設授業である。前の大単元である「イスラーム世界の形成と発展」において学習したことを想起させ，両地域世界の関わりに注目できるようにする。 「イスラーム」と「西ヨーロッパ中世」の2単元で学習した内容を時系列にそって整理し，歴史的経過がイメージできるようにする。
展開1 20分	8～15世紀のイベリア半島において，「イスラーム」と「西ヨーロッパ中世」はどのように関わっていたか？	※①～⑥の史料を読み，どのような状況が書かれているか分析し，小グループに分かれて考察し，発表する。 史料①：10世紀のコルドバが繁栄していた様子。 史料②：キリスト教勢力統治	史料②からは，キリスト教勢力に関する史料も，中世においては「対立」ではなく「共存」の様子がうかがえる。レコンキスタ後の状況を示した史料⑤⑥との違いに気付かせる。 スペイン王とグラナダ王（ナス

		下におけるユダヤ教徒やイスラーム教徒との共生の様子。 史料③④：レコンキスタの終結（1492年）・スペイン王とグラナダ王の協定。 史料⑤⑥：レコンキスタ終結後のスペイン王国の政策…ユダヤ教徒とイスラーム教徒の追放。	ル朝）の協定では「共存」が維持されるはずだったのに（史料③④），その後，スペイン王はその約束を反故にしたことが読み取れる（史料⑤⑥）。 イベリア半島における各勢力の対立が，必ずしもキリスト教勢力vs.イスラーム勢力ではなかったことは，史料からは読み取りにくい（生徒は気づきにくい）。まずは史料から読み取れる範囲で考察させるようにする。
展開2 15分	8～15世紀のイベリア半島の基本的な歴史的特質は？	8～15世紀のイベリア半島における2つの歴史的世界〔「イスラーム世界」と「西ヨーロッパ中世世界（キリスト教世界）」〕の関係をどのように説明できるか？※全体討論	展開1で史料から読み取ったことや教科書等の記述を根拠にして主張させる。 反論したり意見を付け加えたりする際には，相手の発言をふまえてそれに対応するように発言させるようにする。
まとめ 5分	当時のイベリア半島において異文化併存（≒共生）を可能にした仕組は何か？	ルーブリックの評価規準「C：知識の統合」（本稿では省略）を意識しながら，異なる視点が効果的に組み込まれるよう留意してreflectionをまとめる。	イベリア半島史の歴史的特質として「対立」か「協調」かのいずれかを選ばせて結論づけるのではなく，併存（≒共生）できていたシステム（？）は何だったのか，考察させるようにする。

◇　生徒が分析した史料①～⑥

・史料①：コルドバの繁栄（10世紀）…マッカリー『アンダルスの瑞々しき枝よりくる芳き香り』（17世紀前半）

・史料②：イブン・ハルドゥーン『西洋と東洋の旅行』（14世紀）

・史料③：レコンキスタの終結（1492年）…カトリック両王と，グラナダ王ボアブディルの名代である城代アブルカシン・エル・ムレーとの間で締結された，この都市の明け渡しのための協定（1491年11月25日）

・史料④：ナスル朝滅亡（1492年）…マッカリー『アンダルスの瑞々しき枝よりくる芳き香り』（17世紀前半）

・史料⑤：ユダヤ教徒追放の王令（1492年3月1日）

・史料⑥：カスティーリャ王国のムスリム追放（16世紀初め）…14歳以上のモーロ人男性と12歳以上のモーロ人女性全員の追放を命じる勅令（1502年2月12日）

史料の出典

・史料①④：歴史学研究会編（2009）『世界史史料2：南アジア・イスラーム世界・アフリカ 18世紀まで』岩波書店。
・史料②⑤：J. アロステギ・サンチェス他著（立石博高監訳，竹下和亮他訳）（2014）『スペインの歴史～スペイン高校歴史教科書～』〔世界の教科書シリーズ41〕明石書店。
・史料③⑥：歴史学研究会編（2007）『世界史史料5：ヨーロッパ世界の成立と膨張 17世紀まで』岩波書店。

◇　授業で使用したワークシート（紙幅の関係で記入スペースと史料①～⑥は省略）

世界史B　第4章 イスラーム世界の形成と発展 ／ 第5章 ヨーロッパ世界の形成と発展　6月(　)日

イスラーム世界とヨーロッパ中世世界の関わり ～イベリア半島（スペイン）を例に～

6年　組　番　名前

Key Question:　中世イベリア半島（スペイン）の歴史的特質は？

Q1〔復習〕次のa～eの出来事を時代順になるように並べ替えてみよう。

ローマ帝国→〔　　〕(418年)　→〔　　〕(756年)　→〔　　〕・〔　　〕(11世紀)
→〔　　〕＝スペイン王国が国土を統一（1492年）

a 後ウマイヤ朝の建国　　b レコンキスタが本格化　　c ナスル朝の滅亡
d 西ゴート王国の成立　　e ムラービト朝がモロッコからイベリア半島に進出

Q2　8～15世紀のイベリア半島史は，教科書等で2つの項目で扱われています。それぞれどのような記述や描写がなされているか，探ってみよう。

(1)　「イスラーム世界」の項目（教科書・資料集）から
イベリア半島史を象徴するような出来事，人物，都市，建築物，その他の歴史事象は何か？

『詳説世界史B』(山川出版社, 2018年)：「西方イスラーム世界の変容」(pp.109-110),「イスラーム文明の特徴」(pp.115-116)
『世界史詳覧』（浜島書店, 2018年)：「異文化共存の街コルドバ」(p.124),「アルハンブラ宮殿」(p.129)

（2）「ヨーロッパ中世世界」の項目（教科書・資料集）から
イベリア半島史を象徴するような出来事，人物，都市，建築物，その他の歴史事象は何か？
『詳説世界史 B』（山川出版社，2018 年）：「スペインとポルトガル」（pp.147-148）
『世界史詳覧』（浜島書店，2018 年）：「6 国土回復運動，7 南ヨーロッパ諸国」（p.151），「3 イベリア半島の文化交流」（p.153）

Q3　史料①～⑥〔別紙〕は，それぞれどのような状況を表しているか？
史料①：10 世紀のコルドバ
史料②
史料③ & 史料④：レコンキスタの終結（1492 年）… スペイン王とグラナダ王の協定
史料⑤ & 史料⑥：レコンキスタ終結後のスペイン王国の政策

Q4〔Q1 ～ Q3 をふまえて〕8 ～ 15 世紀のイベリア半島の基本的な歴史的特質は？
＝8 ～ 15 世紀のイベリア半島における 2 つの歴史的世界〔「イスラーム世界」と「西ヨーロッパ中世世界（キリスト教世界）」〕の関係をどのように説明できるか？

3. 生徒の学び

授業後に次のエッセイ課題を課した。

授業の内容もふまえ，Key Question「中世イベリア半島（スペイン）の歴史的特質は？」についてエッセイ（小論文）をまとめてください。
・イベリア半島における「イスラーム世界／社会」と「ヨーロッパ（キリスト教）世界／社会」の関わりに焦点を当てること。
・「対立と協調」，「異文化共存」等，2 つの歴史的世界の関係性に関わる概念を用いて論じること。
・評価規準は「B：Application and analysis（応用と分析）」と「C：Synthesis and evaluation（知識の統合）」です。
・日本語または英語でエッセイをまとめること。

実際の授業実践においては，ルーブリックで該当する２つの評価規準（観点）Ｂ・Ｃと，その評価基準を生徒にも事前に示し，それにそって評価課題であるエッセイを評価している。本書の主旨である異文化理解を促す授業実践としての成果と課題については，ルーブリックを用いた評価によって見えてくる面もある。しかし，紙幅の都合と本書全体の主旨との関係から，ルーブリックおよびルーブリックを用いた評価についての説明は割愛した。本稿では，生徒のエッセイから異文化理解について読み取れる部分を取り上げて多少の考察を加えるにとどめることとする。

3-1　評価点が高いエッセイ例

中世イベリア半島は，イスラーム世界と中世ヨーロッパ世界が交わった地域であった。協調的な関係から始まった両世界の交差は，時代が進むとともに支配領域確保のために対立は見せたものの，支配下に置かれた人々の生活においてはレコンキスタ終結まで比較的良好な関係を築いていたという特質を持つ。イスラーム教徒の本格的な排除までに及ぶ対立関係になったのはレコンキスタ以降のことである。

二つの世界の関わりは，～（中略）～

確かに，二つの世界の間で軍事的な衝突が起き，イベリア半島の領域支配においては対立していたが，キリスト教勢力下に置かれたイスラーム教徒とキリスト教徒は協調関係にあったと考えられる。資料集の124ページ②から，コルドバの街中の大モスク，ユダヤ人街，そして大聖堂が集結していて異文化が共存する場になっていたことがわかる。二つの世界の協調によって，キリスト教がイベリア半島の大部分を支配した後も，一時はイスラームの支配下に置かれていたトレドや，後ウマイヤ朝の都であったコルドバを中心に独自の文化が発達した。例えば，キリスト教勢力に奪回されたトレドに残留したイスラーム教徒によって哲学や神学，自然科学の文献がアラビア語からラテン語に返還された。そしてここで継承された，イスラーム世界に保存されていた古代ギリシアの学問や知識が，のちのルネサンスにつながった。また，～（中略）～　よって，レコンキスタが終わるまでは，中世西ヨーロッパ勢力はイベリア半島のムスリム住民に寛容だったことがうかがえる。しかし，レコンキスタが終了し，10年ほど経った1502年の時点でムスリムを追放する勅令が出された。　～（中略）～

以上により，レコンキスタ終結までのイベリア半島におけるイスラーム世界と中世ヨーロッパ世界は，領域を確保するために対立していたが，住民の間では協調し，イベリア半島特有の文化を育んだという特質があったと考えられる。また，両世界の住民を含む本格的な対立は，ムスリムの追放勅令が出たあとといえるだろう。

このエッセイは，根拠を示して分析的に主張・説明している。また，「対立」と「協調」それぞれの具体的場面（対象）を明確にし，両者を統合させたうえ状況を説明し，「中世イベリア半島の歴史的特質」を整理することに成功している。

3-2　評価点が中間のエッセイ例

イベリア半島におけるイスラーム社会とキリスト教社会は，対立から始まり，対立のなかでの異文化共存を経て，再び対立が起こり，再び協調したと考えられる。

〜（中略）〜

対立した両者だったが，後ウマイヤ朝は改宗を強制せず，主に人頭税の支払いを条件に啓典の民としてキリスト教徒を容認する寛容政策をとったため，共存を可能にした。　〜（中略）〜　この頃からレコンキスタの動きは存在していたが，後ウマイヤ朝の都コルドバでは文化が栄え，西ゴート王国の都トレドでは学問が広く知られたため，二つの宗教の交流は少なくなかった。　〜（中略）〜

イスラーム帝国の分裂もありレコンキスタの動きが目立ち，再び対立することになった。西ゴート滅亡後，北部に移ったキリスト教徒の多くは，キリスト教徒としての強固な宗教意識を持ったため，かつて先祖が住んでいたイベリア半島解放に使命感を感じていた。また，レコンキスタは「再征服」という意味での命名からもイスラームへの対立を示唆している。その後，ムワッヒドの衰退などを好機とみたキリスト教勢力は南方へ侵略を始めて二つの宗教の対立は本格化した。　〜（以下略）

このエッセイは，教科書や資料の記述を根拠に「二つの世界／社会」のそれぞれについて説明している。しかし，上記の両者を統合させた上で「中世イベリア半島の歴史的特質」を整理するには至っていない。また，「対立と協調」を一面的にしか捉えていないため，両者が同時に起こっていた状況として認識できていない。調べたことをまとめた「記述的・描写的」な箇所も一部ある。Key Question に十分に答えられているとはいえない。

3-3　評価点が低いエッセイ例

中世イベリア半島はキリスト教とイスラーム教の両方の文化や考えがいり交じり，それが協調していたり，対立したりしながら発展していった，という点が歴史的特質としてあげられる。
ローマ世界が広がっていた時代にはイベリア半島は属州ヒスパニアとして存在しており，その後，ゲルマン民族の大移動が始まると，その地には西ゴート王国がたてられた。キリスト教が布教していたものの，８世紀になるとイスラーム勢力がイベリア半島に侵攻した。ここからキリスト教とイスラーム教の共存，対立がはじまる。
イスラーム教であるウマイヤ朝，アッバース時代には徴税が行われた。ウマイヤ朝では非アラブ人（イスラーム教への改宗者も含む）に対して課税を行った。アッバース朝時代に徴税対象が見直されたものの，非イスラーム教徒は収める税が増えた。この時代はイスラーム世界拡大を目指した。キリスト教勢力がイスラーム勢力に対抗すると，レコンキスタがはじまった。キリスト教徒がイベリア半島を再征服していったが，その後は協調できていたように思える。　～（中略）～
この時代はキリスト教徒にもイスラーム教徒にも比較的寛容で，協調していたと考えられる。しかし，カトリック信仰が高まってくるとそれに反する人々を追放するようになる。
このような出来事が何年にもわたって続いたため，イベリア半島はキリスト教，イスラーム教の両方の文化を取り入れた独自の文化が発展し，14世紀ルネサンスなどに影響を与えた。

このエッセイでは，最初と最後に記された結論と説明がつながっておらず，結論の根拠として説明が位置付けられていない。また，「中世イベリア半島の歴史的特質」ではなく，イスラーム一般について説明している。しかも誤った記述も見られる。

4.　授業実践を振り返って

4-1　成果～史料から読み取ったことを根拠にした議論と歴史的な考察～

授業中，生徒はグループごとに分担して史料を分析し，そこから読み取れる状況を発表した。その後，史料から読み取れることを根拠に，当時のイベリア半島における「イスラーム世界／社会」と「西ヨーロッパ中世世界／社会」がどのように併存していたか，考察した。

一方で，イスラーム世界で発達した哲学や医学などの学問が西ヨーロッパ世界に伝播したという点では，「共存・共生」していた世界であった。他方，ベルベル人勢力がモロッコからイベリア半島に拡大してきたことや，北方からのキリスト教徒勢力によるレコンキスタの動きがあった点からは「対立」していた世界であった。教科書等の記述からはこの2つの相反する特質が読み取れる。これらがどのように矛盾なく当時のイベリア半島の歴史的特質としてまとめられるか，というのが本授業実践の学習目標であった。

多くの生徒が，授業中の発言においても授業後のエッセイ課題においても，限られた情報（教科書，副教材の資料集，配布した史料）の中から読み取れたことを根拠にして考察したことを表現しようとしていたことが窺える。単なる「思い付き」を述べたり，教科書に書かれた断片的な「知識」のみで意見をまとめたりするのではなく，複数の視点から捉えられる諸要素を何らかの形で統合して当時のイベリア半島の歴史的特質を探っていた。

なお，そのような思考を促したのは，ルーブリックを用いて事前に評価規準（観点）だけでなく評価基準についても生徒と共有していたためであることを付記しておきたい。この点について本稿では説明を省略したが，学習目標＝評価目標を生徒も認識した上で学習活動を展開すること，すなわち学習・評価一体型の授業実践の重要性を指摘しておきたい。

4-2　課題～生徒および教員の学習観（指導観）の転換～

本授業実践で想定していた考察をさせるには，1コマのみの授業時間では不十分であった。授業時間の後半，全体で議論する場面においては，一部の生徒の発言のみで展開せざるを得なかった。しかし，授業中に発言できなかった生徒はエッセイ課題において探究した成果を表現しており，時間不足のわりには概ね深い考察ができていた。事後の授業でそのようなエッセイでの考察の成果を生徒間で共有する場面をもっと確保すべきであった。

このような学習指導計画における時間配分については授業者として反省すべき点であり，今後にその反省を活かしたい。それとは別に，生徒の思考に関するもっと大きな課題を指摘したい。

前節で「3-3　評価点が低いエッセイ例」として取り上げた生徒は，教科書等で「正解」を探ってエッセイをまとめようとしたのではないかと推測される。少数ではあるが，他にもこのような生徒が見られた。中高一貫の中等教育学校で，1年生（中学1年）～4年生（高校1年）の4年間，生徒全員が国際バカロレア（IB）の中等教育プログラム（MYP）に基づく学習・評価一体型の授業を経験してきている本校であっても，確定した「正解」を求める学習観はやはり根強いのかもしれない。特に対象のクラスは6年生（高校3年）であり，大学受験に向けた勉強がその傾向を強めているとも言える。

大学受験に関しては，次期高等学校学習指導要領の実施に向けて，高大接続改革の中で議論されているところである。どのような大学入学者選抜制度に変わるか未知数であるが，その前に高校で授業を担当している私たち教員の学習観（指導観）の大転換が求められている。

とはいうものの，どこの学校現場も量的には膨大で質的には困難な仕事を抱えており，大変である。そんな学校現場においても実現可能な，言い換えれば「持続可能な実践」にしていく必要があろう。本報告では，普段の授業で教科書を中心とした資料を活用することにより，多大な労力をかけずに手軽に「異文化理解を促す探究的な歴史授業」が可能であること，さらには次期学習指導要領の新科目「世界史探究」の授業実践としても応用が可能であることを具体的に示したつもりである。

[注]

（1）伊藤俊太郎（1985）『比較文明』東京大学出版会。
（2）Ch-E・デュフルク（芝修身・芝紘子訳）（1997）『イスラーム治下のヨーロッパ―衝突と共存の歴史』藤原書店。
（3）ディミトリ・グタス（山本啓二訳）（2002）『ギリシア思想とアラビア文化―初期アッバース期の翻訳活動』勁草書房。
（4）内藤正典（2004）『ヨーロッパとイスラーム―共生は可能か』岩波新書。
（5）田尻信壹（2013）『探究的世界史学習の創造―思考力・判断力・表現力を育む授業作り』梓出版社。
（6）家島彦一（2003）『イブン・バットゥータの世界大旅行―14世紀イスラームの時空を生きる』平凡社新書。
（7）アミン・マアルーフ（牟田口義郎・新川雅子訳）（2001）『アラブが見た十字軍』ちくま学芸文庫。
（8）イブン・ジュバイル（藤本勝次・池田修監訳）（2009）『旅行記』講談社学術文庫。
（9）C. サンチェス＝アルボルノス（北田よ志子訳）（1988）『スペインとイスラム―あるヨーロッ

パ中世』八千代出版。

(10) マリア・ロサ・メノカル（足立孝訳）(2005)『寛容の文化―ムスリム，ユダヤ人，キリスト教徒の中世スペイン』名古屋大学出版会。

(11) 黒田祐我(2006)「中世スペインにおける対ムスリム認識―12世紀前半期カスティーリャ・レオン王国を中心として」『スペイン史研究』20，黒田祐我(2011)「中世後期カスティーリャ王国における「戦争と平和」―王国間休戦協定の分析から」『スペイン史研究』25，黒田祐我(2014)「異教徒との交易の実態―カスティーリャ＝グラナダ「境域」を中心として」『スペイン史研究』28。（以上，スペイン史学会。）

参考文献

阿部俊大(2016)「レコンキスタと中世スペインの政治構造」『歴史と地理』699，山川出版社。

余部福三(1992)『アラブとしてのスペイン』第三書館。

アンサーリー,タミム（小沢千重子訳）(2011)『イスラームから見た「世界史」』紀伊國屋書店。

黒田祐我(2016)書評：芝修身「古都トレド―異教徒・異民族共存の街」『西洋史学』262，大阪大学文学部西洋史学研究室。

芝修身(2007)『真説レコンキスタ―〈イスラームVSキリスト教〉史観をこえて』書肆心水。

芝修身(2016)『古都トレド―異教徒・異民族共存の街』昭和堂。

芝紘子(1985)「中世カスティーリャ人のユダヤ人との共存意識について」『スペイン史研究』3，スペイン史学会。

杉谷綾子(2002)『神の御業の物語―スペイン中世の人・聖者・奇跡』現代書館。

ローマックス, D.W.（林邦夫訳）(1996)『レコンキスタ―中世スペインの国土回復運動』刀水書房。

第11章

科目間連携からムスリムと共に生きる知を探る授業

──高校「イスラーム検定をつくり，ムスリムと対話してみよう」──

山北俊太朗・栗山絵理・小太刀知佐・小林理修

1. 本実践の趣旨・ねらい

本実践は2段階構成となっている。

ひとつは教科間連携の視点からムスリムとの共生を考える授業（後述の実践1～実践5）である。通常，地理歴史科，公民科それぞれの教科でそれぞれの視点から「共生」にアプローチする。しかし，一方で多文化共生は一つの教科・科目だけでは達成することはできない。生徒は複数の教科・科目から受けた授業を自分の中で整理し，共生について考えるはずである。

本実践は，「イスラームとの共生」について，「地理A」「世界史A」「現代社会」「倫理」を連携した試みである。これらの授業を受けた生徒が「ムスリムとの共生」という視点にたつとき，どのような知識が役立つか考えさせた。具体的には，生徒に「ムスリムとの共生のために必要な知識は何か」という問いを与え，「ムスリムと共に生きるために私たちが知らなければならないこと」についてテスト（「イスラーム検定」）を作成するというパフォーマンス課題を設定して取り組ませた。

もう一つは実際にムスリムとの対話を通じてイスラームとの共生について考える授業（実践6）である。たとえば高校倫理の教科書をひらき，イスラームの「断食」を調べると以下のように書かれている。

　断食：「イスラム暦における9月に1ヶ月間，健康な成人男女は日の出から日没まで飲食をさける」

私自身が高校生のとき，この一文を深掘りするだけで随分と勉強になったことを覚えている。「なるほどムスリムは一日中断食しているわけではないのか」，「イスラム暦というものがあるのか」，「健康でなければ免除される，寛容性も含んだ宗教なのか」。

しかし，この文章を読んだ後，教科書には書かれていない以下の問いが私の心を捉えた。

「断食の途中に，もし何かの不都合で食事をしてしまったら，ムスリムの人はどんな気持ちになるのだろう。」

「たとえば将来私にムスリムの友達ができて，彼の断食が私のせいで失敗したとき，彼はどれほど私を怒るのだろうか。」

高校生のとき，これらの問いは「イスラームとの共生」の上でどんな知識よりも重要に思えた。なぜならば，ムスリムがイスラームを信仰するという気持ちが理解できなければ，イスラームと共に生きることはできないと考えたからである。

各教科・科目の授業を受け，イスラーム検定を作成した生徒たちに，教科書に載っていないが共に生きる上で聞いてみたいことは何かを考えさせた。そして，実際に本校にムスリムを呼び，その質問をぶつけてみた。共生において重要なことは何かを，あらためて考えさせたい。

以上のことから，本単元の目標を以下の２点とした。

(1) 複数の教科・科目で扱われるイスラームに関する知識を理解する。さらにその知識を，「ムスリムとの共生」という視点の下，整理することができる。具体的にはイスラーム検定を作成することができる。

(2) ムスリムと対話し，対話の中で学ぶことができる。自ら学習した内容を対話を通じて反省し，知識を再構成することができる。

本実践は，2018年11月，高校２年生に実施したものである。

2. 単元の概要

2-1　生徒たちの実態および本単元に至るまでの学習

1学期の授業では，シリア問題やサウジアラビアとイランの関係を扱っているため，イスラームの宗派の対立が現代社会に与える影響について取り扱っている。また，移民受け入れの是非などについても考えさせたため，イスラームを学習することの重要性は理解を示しており，学習意欲は高い。

2-2　教材の特性と授業者の手立て

イスラームについて正しい理解を深めることと，ムスリムと共生するための態度を養うことは一見すると相関関係があるように思われるが，両者はときとして対立する。

たとえばクルアーンについて深く知ることで，私たちのイスラームへの偏見は解けていく。イスラームは暴力的な宗教ではない。平等を志向する，平和な宗教である。しかし，イスラームについての正しい理解を得るがゆえに，私たちはムスリムの実存を理解することから遠ざかってしまう場合がある。逆のケースを考えてみれば，この事態はよく実感できると思う。外国人が日本留学のために神道を一生懸命学ぶ。カミカゼやハラキリという文化は，実は日本のステレオタイプであり偏見だと知る。「神道の八百万神という考えは素晴らしい。本当は多様性を尊重する素晴らしい宗教である。」と学ぶとする。しかし，そうした学習は，個々の日本人を理解することとズレを生じさせる。初詣にいくことや七五三を神社で祝うことの意味を理解して行動している日本人は少ない。

イスラームについて正しい知識を得て偏見を無くす努力はとても素晴らしく，必要な能力である。しかし，一方でムスリムの実存に迫ろうとするとき，そのような学習だけで目の前のムスリムと共生することができるかといわれると，疑問が残る。

本実践では，高校段階で行われる学校教育を受けた生徒が，ムスリムと対話する中でどのように知識を再構成するかを追跡し，イスラームを理解すること，そしてムスリムとの共生のために必要なことを生徒とともに考えた。

2-3　単元計画

本単元は「現代社会」の授業をベースに，地理と世界史の教員による授業を，以下の通り組み入れた。

実践１ 山北	「現代社会」	「給食のハラール対応を考える」 　ムスリムというと，電車の中ですれ違う程度の他人というイメージが生徒の中にある。生徒は自らとは異なる存在であるムスリムと「避ける」「関わらないようにする」ことで，共生することができる

		と考えている。1時間目では，給食のハラール対応の要望を巡る問題を通じて，ムスリムとの共生の問題を「避ける」ではなく「いかに関わるか」で捉えさせた。
実践2 栗山	「地理A」	「地理の視点からみたイスラーム」 本時では，地理分野が得意とする地図を活用して，世界や日本におけるイスラームやムスリム・ムスリマの分布や拡大を確認した。日本国内にも多くのモスクがあり，ムスリム・ムスリマが居住していることを知り，身近になったイスラームとの共生を考察した。
実践3 山北	「倫理」	「名著から読み解く　～イスラーム文化　その根本にあるもの～」 各国におけるイスラームの文化の差を学習した上で，井筒俊彦『イスラーム文化　その根底にあるもの』を読解しながら，ムスリムの信仰について考察させた。「聖と俗の区別を設けないこと」「砂漠の宗教ではない」の2点に焦点をあて，生徒が日常持っている「信仰」のイメージとは違う見方・考え方を養わせた。
実践4 小太刀 ・小林	「世界史A」	「イスラームとは何か，世界史から考えてみよう」 「世界史からイスラームを知ろう」 　歴史的な側面から，イスラームを捉えさせた。イスラーム発生の起源としてのムハンマドの生涯，スンナ派とシーア派がどのように生まれたか，また地理・倫理で授業された六信五行がクルアーンの中でどのように書かれているのか，史料を確認した。
実践5 山北	「現代社会」	「イスラーム検定をつくろう」 　上述の1～4の授業の内容をもとに，ムスリムと共生するために日本人が知っておくべき知識は何かを考えさせた。そして生徒に，パフォーマンス課題として，その知識を問う問題を作成させた。
実践6 山北	「現代社会」	「ムスリムと対話しよう」 　今までの学習を通じて，ムスリムと対談する。ムスリムの実存に迫るような質問を通じて，イスラーム理解についてあらためて知識を再構成することを目指した

3. 各授業の実践と生徒の反応

3-1 第1時：「給食のハラール対応を考える」(「現代社会」)

・本時の学習目標

①イスラームとの共生について考える必要性について理解する。

②ムスリムが現代社会の中で直面している困難について理解する。

③クラスメイトと意見を交わし，公共的な問題について建設的に議論することができる。

・本時の学習活動

	内容	指導上の留意
導入 5分	・日本で訪日外国人やムスリムが増えていることを伝える。 「街でヒジャブをかぶっている人を見た経験はありますか？」 ・イスラームについて知っていることを挙げてみる。 「イスラームと聞いて思い浮かべるものを挙げてください。」	・割合に換算すると，ムスリム・ムスリマは22％を占め，世界人口の5人に1人の割合であることを確認する。 ・今後のイスラームの授業をする上で，生徒の理解度を把握する。
展開1 15分	「ムスリムの願いを聞いてみよう」 ・ワークシート「1 ムスリムの願い」を読ませる。 ・ネットの反応を踏まえた上で，生徒にこの願いをどのように受けとめるのかについて書かせる。 ・隣同士で意見を交換する。	・ワークシート配布 生徒の本音を引き出せるようにする。 ※ネットの意見を引用しているのは，生徒の上辺ではない意見を引き出すため。
展開2 25分	議論をしてみよう ・スライド使用（詳細はp.149の資料参照） ・ムスリムの願いを踏まえた上で，**市民としての立場**でスライドに提示したQ1～Q5の議題について議論する。 1，ハラールとアレルギー対応の違い（スライドのQ1～Q3を使用） ▶多くの自治体がアレルギー対応をする一方で，ハラール対応はあまり進んでいない。なぜアレルギー対応は認められるのに，ハラール対応は認められないのか。 （予想される生徒の反応） ハラール対応をするべき派 ・ムスリムの人にとってはアレルギーと同様に重要であるはずで，聞き入れるべきである。 ハラール対応をしなくてもいい派 ・「郷に入れば郷に従え」ムスリムの人は日本の文化に順応するべき。	・生徒の意見を引き出しながら，意見を板書する。 ◯この議論を通じて最終的に考えてほしいことは，ムスリムにとって「ハラール」とはどんなものであるのか，そのことについて私たちの理解が不足していることである。アレルギーの危険性については私たちは知っているため，給食のアレルギー対応は容易に合意がなされる。一方で，ムスリムにとって「ハラール」とはどのようなものなのか私たちは無知である（実は我慢できるのか，絶対に受け入れられないのか）。ハラール対応について議論が揉めてしまう原因は，私たちのムスリムに対する理解不足にあることを伝え，イスラームについて学習する必要性を強調する。

	▶アレルギーについてはどうか？ （予想される生徒の反応）全員が「対応するべき」 ▶なぜ「ハラール対応」では議論が分かれ，「アレルギー対応」では議論が分かれないのだろうか。 教師「アレルギーの危険性については私たちは知っています。しかし，ハラールについては無知です。だから議論が建設的にならないのではないでしょうか。」	
	2，公共哲学として，ムスリムについて考える（スライドの Q4，Q5 を使用） Q4　ハラール対応について，学校から反発を受けたと仮定して議論する。 教師は学校側の主張を補足する。 「①給食は，単にご飯を食べるだけの場ではない。食育の場でもある。また家庭の貧富の差を感じさせないためにみんな同じにするという側面もある。 ②ハラール対応等，細かい対応は給食センターのコストが増えることになる。給食には税金が補填されているため，歳出を圧迫する可能性もある。」 Q5　音楽の授業場面での主張に言及する。ここでも学校側の主張を補足する。 「ムスリムの要望を受け入れるのだとすれば，その他の要望も受け入れる必要が出てくるのではないか？そのような細かい要望を叶え続けてしまうとき，義務教育は成り立つのか。」	◯ Q5 は時間がなければ使用しない ◯この議論を通じて「うちはうち，よそはよそ」という態度だけでは，共生を実現することが難しい局面を知ってほしい。 実社会において，生徒にとってムスリムと共生する一番簡単な方法は「関わらないこと」である。電車の中でみるムスリムに関わらないようにしていれば，トラブルは起きない。しかし今後ムスリムと関わる機会が増えてくれば，そのような態度では解決が難しい局面がある。ムスリムとの共生を「関わらないこと」で済ませず，考えることの必要性を伝える。
まとめ 5 分	◯ムスリムが増加するなかで，これらのような問題にいつか直面する。 ◯ムスリムについての理解が必要である。	

ワークシート

現代社会

1　ムスリムの願い

ムスリムの子「理解を」

静岡文化芸術大 学校生活の調査報告

静岡文化芸術大主催の多文化子ども教育フォーラムが4日、浜松市中区の同大で開かれ、県多文化共生審議会委員で、インドネシア出身のエフィ・グスティ・ワフユニさん（39）が講演した。県内のイスラム教徒（ムスリム）への調査を基に、ムスリムの子どもたちが学校生活で給食や礼拝などに苦慮している現状を報告。「ムスリムを取り巻く問題改善のきっかけになれば」と訴えた。

調査は昨年11月、県内在住の同国人ら26家族を対象に、学校生活や職場で困っていることと、対応策などを尋ね、実態を初めて公表。「ハラール対応」ではない学校給食に多くの保護者が悩んでいる様子が浮かび上がった。大半が毎日弁当持参か、豚肉使用のメニュー時におかずを持参する対応を取っていて、「給食は食べるが豚肉は残す」ように子どもに指示している家庭もあった。

学校や職場で、お祈りや断食、女性が頭にかぶる「ヒジャブ」を禁止された例や、侮蔑の言葉を投げ掛けられた体験談も示された。

エフィさんは、ハラール対応の給食を出す福岡県内の私立保育園や金曜日の礼拝を例外的に認める浜松市内の学校などを紹介し、「ルールだから駄目というのではなく柔軟な対応を検討してほしい」と理解を求めた。

（浜松総局・青島英治）

生活に不安を抱えるムスリムへの実情に理解を求めるエフィ・グスティ・ワフユニさん＝4日、浜松市中区

静岡新聞 2017年2月7日付朝刊掲載

2　これに対するネットの反応

58: [redacted]

宗教も文化も違う国に来て配慮求めるとか図々しい
何で日本に住んでるんだろ
日本での便利な生活は享受してるくせに

75: [redacted]

互いの信仰の自由は認めるけど
他の宗教の福利厚生はまた別の話だよ
それはその宗教で負担するべきなんだ

76: [redacted]

ムスリムは、郷に入れば郷に従え をやらない
郷に入ればアッラーに従え しかやらない
こんな連中受け入れてたら
地元民とトラブルになるだけだよ。

3　あなたの考えを正直に書いてください。

スライド

Q1　日本政府は，増加するムスリムのためにハラールに対応した給食を積極的に用意するべきか？

Q2　日本政府は，増加するアレルギー疾患を抱える生徒のために，アレルギーに対応した給食を積極的に用意するべきか？

Q3　Q1とQ2との差は何か？

Q4 「弁当持参」という対応策をムスリムが提案すると，学校の先生が以下のように言ってきた。
「給食は教育の一環だから個人的なワガママを聞くわけにはいかない。またクラスの中で１人だけ弁当持参という特別扱いをすることがイジメの原因になる。弁当持参は認められない。」
　困ったので校長に相談すると「（アレルギーは命に関わるので特別扱いを認めるが）宗教は命には関わらないし，公教育の場に宗教を持ち込むのはふさわしくない」といわれた。

あなたはこの学校の見識は正しいと思うだろうか。それとも間違っていると思うだろうか。

Q5　あるイスラームの家庭では，音楽は「楽器は悪魔の呼びかけ」という記述がハディース（預言者ムハンマドの言行録）にあるため，息子を５年生の音楽の授業に出したくないと提案すると、学校の先生が以下のように言ってきた。
「音楽の授業はカリキュラムの一環だから個人的なワガママを聞くわけにはいかない。またクラスの中で１人だけ授業免除という特別扱いをすることはできない。」
　困ったので校長に相談すると「宗教は命には関わらないし，公教育の場に宗教を持ち込むのはふさわしくない」といわれた。

あなたはこの学校の見識は正しいと思うだろうか。それとも間違っていると思うだろうか。

3-2　第2時：地理の視点からみたイスラーム（「地理A」）

日本国内のムスリムに焦点を当てた。日本に住むムスリムの78％は三大都市圏に居住していること（2010年）[(1)]，2010年の日本国内のムスリムはおよそ11万人で，内訳はインドネシア人が約２万人と最も多く，次いでパキスタン人・日本人がいずれも約１万人で，日本人ムスリマが多いことなどに注目した。このほか，以下の点を工夫した。

①地理が得意とする地図・統計・写真の活用を授業構成の中心にした。

②質問から授業内容を展開し，考察して欲しい内容に興味関心が深まるように工夫をした。

③自分たちの生活そのものに「身近になったイスラーム」の存在を感じられるように授業を展開した。

・本時の学習目標

①地図を活用して，世界と日本におけるイスラームの分布・拡大を認識する。

②「身近なイスラーム」まで手繰り寄せたイスラームについて，自分なりの考察を明確に持てるようになる。

・本時の展開

	内容	指導上の留意
導入 3分	・世界の主な宗教人口について，統計から確認をする。 ・世界人口は75.5億人。第1位がキリスト教，第2位がイスラームであることを確認する。	・割合に換算すると，ムスリム・ムスリマは22%を占め，世界人口の5人に1人の割合であることを確認する。
展開1 20分	・質問①：「人口の8割以上がイスラム教徒の国々は？」 ・スンニ派・シーア派のいずれが50%以上を占めるかで色分けをした地図をスライドで表示する。 ・五行について，1つずつ解説を行う。：信仰告白・礼拝（モスク／マスジドのようす）・喜捨（イスラム銀行）・断食（ヒジュラ暦・ラマダーン）・巡礼（聖地）など。	・自分の考えを白地図（世界）に表現してから，スライドで確認をする。 ・各地域のムスリム・ムスリマのようすを写真から読み取り，イスラームに関する特徴を確認する。
展開2 17分	・日本のムスリム・ムスリマについて，分布（関東に53%・三大都市圏に78%）および出身国を確認する。 ・質問②：「モスクのある都道府県は？」 ・33都道府県に81か所（2014年現在）のモスクがあり，モスクの法人化について言及する。 ・新聞記事「日本に移り　暮らす　労働者・生活者として溶け込む外国人」（2018年10月21日）を読んで，外国人労働者として在住するムスリム・ムスリマに着目し，身近になったイスラームの存在に気づく。	・自分の考えを白地図（日本）に表現してから，スライドで確認をする。
まとめ 10分	・問い：「クラスのムスリム・ムスリマとどう学校生活を送ることになるか？」 ・日本ではまだ馴染みの薄いハラールとハラームについて，いくつかの例を提示する。	・「起こりうることを予想してみよう。どう対応するか自分の考えをまとめよう。」とし，自分の考えをワークシートにまとめる。

【ワークシート表面】

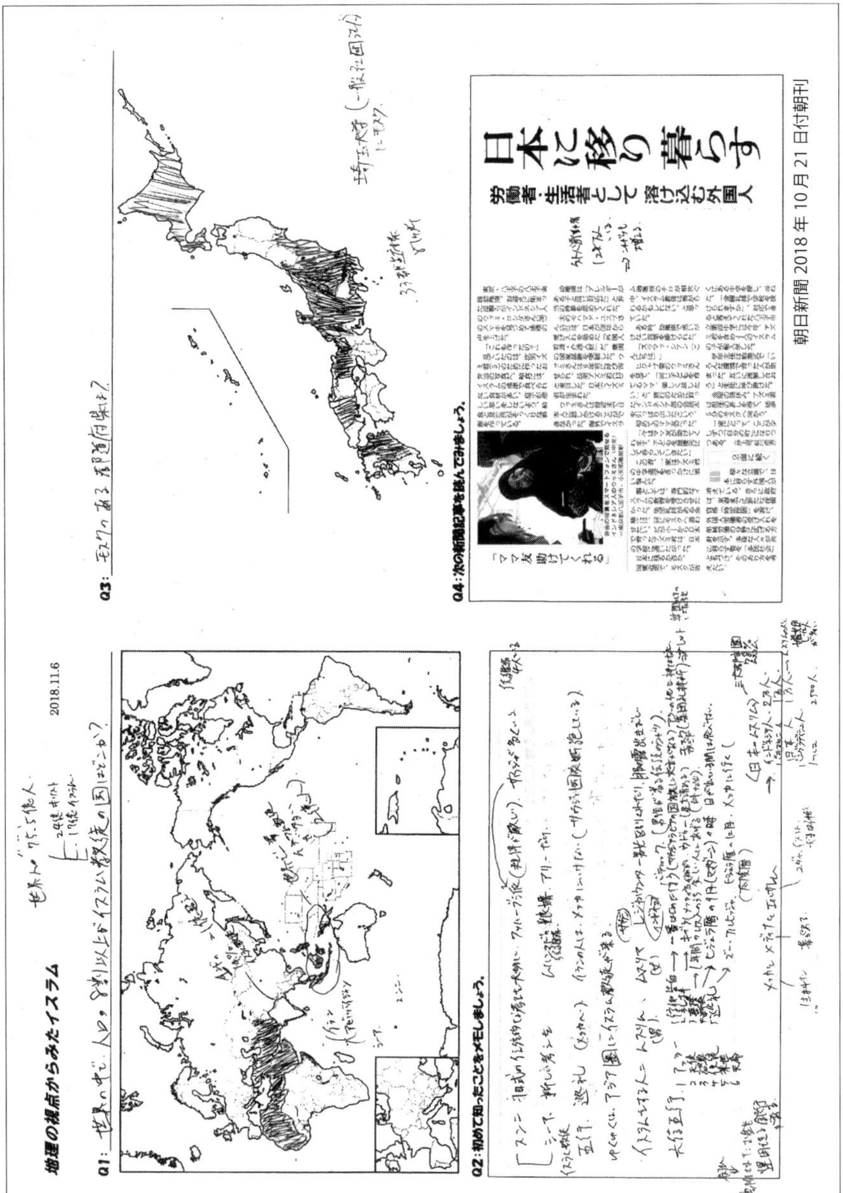
地理の視点からみたイスラム
2018.11.6
Q1:
Q2:初めて知ったことをメモしましょう。
Q3:
Q4:次の新聞記事を読んでみましょう。
日本に移り暮らす
労働者・生活者として溶け込む外国人
「ママ友助けてくれる」
朝日新聞 2018 年 10 月 21 日付朝刊

【ワークシート裏面】

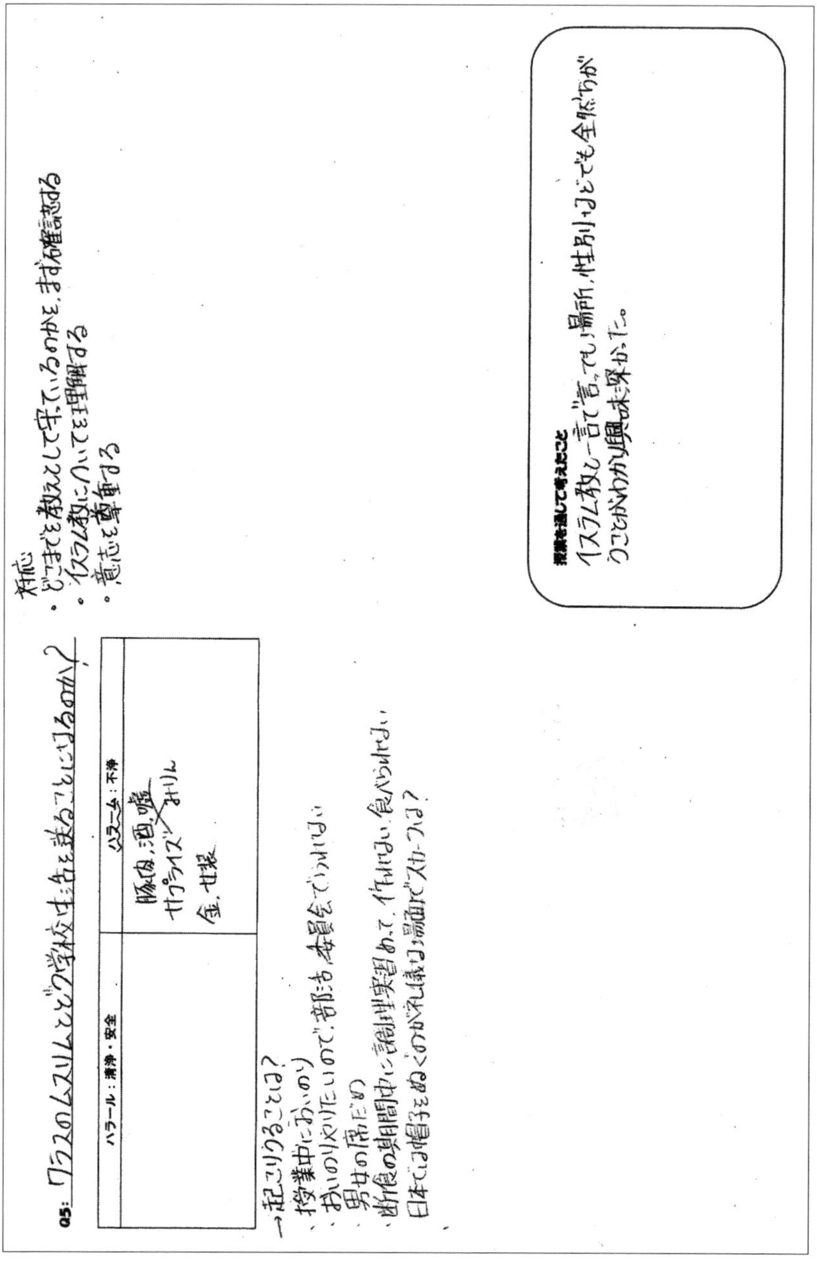

Q5: クラスのムスリムとどう学校生活を送ることになるのか？

ハラール：清浄・安全	ハラーム：不浄
	豚肉、酒、嘘 サプライズ　みりん 金、女装

→起こりうることは？
、授業中においのり
、おいのりやりたいので、部活、委員会でられない
、男女の席だめ
、断食の期間中に調理実習あって、作れない、食べられない
日本では帽子をぬぐのが礼儀な場面でスカーフは？

対応
・どこまでを教えとして守っているのかを、まず確認する
・イスラム教についてを理解する
・意志を尊重する

授業を通して考えたこと
イスラム教と一言で言っても場所、性別などでも全然ちがうことがわかり興味深かった。

・生徒の反応（ワークシートのコメント：（生徒の原文ママ））

★クラスのムスリムとどのような学校生活を送ることになるか。

・（東南アジアからの帰国生）：私は小学校のときも中学校のときもクラスにムスリムの子がいたけど，給食ではなくみんなお弁当だったし，水泳の授業でもそういう特別な水着を着ていたし，私たちが何かを気を付ける必要はあまりありませんでした。でも断食の間は水も飲めなかったので，一緒に外で遊んだりできなくてかわいそうで少し気をつかいました。人によって厳しさがちがうのは，対応もちがってくるため難しいと思う。

★授業を通して考えたこと

・日本では仏教・神道などの行動は一般的に認められているのと同じ感覚だろうと思うので，特別扱いするというのは別に良いよな…と思います（特別扱いをする必要はないのではないかと解釈）。キリスト教で日曜日に…，食べる時に手を…というのと同じだと思うのですが，日本は「イスラム教」に対してしか考えることをしないので，いろいろ問題がおきるのかなと思います。

・イスラム教について，どれくらいの厳しさなのかは国によってバラバラということは，個人でも信仰の仕方はバラバラなんだろうな，と思った。

・はじめて知ることが多かった。人によってどのくらいきびしいムスリムかわからないので，個々に対応していかなければと思う。

・日本で暮らしていると，イスラムの人が特殊かのように感じてしまうが，世界的に見れば，５人に１人というマジョリティーなんだなと思った。同じムスリムでも許容範囲が広い人と狭い人様々だと思うので，個々に対応していく必要を感じたが，公的な場合は難しいとも思った。

・イスラム教のきまりについて少しではあるが学んだことがあったものの，それを実生活にどう影響するかなどまで考えていなかった。イスラム教徒の人口は年々増え続けているため，イスラム教徒の人々と関わる機会も必然的に増えると思う。そのあたりは頭の中に留めておくことが重要だと思った。

・ムスリムが東南アジア地域に多いことは知っていたが，日本にも多くいるということを初めて知った。また，モスクも33都道府県にあるため，日本もイスラム教に対応してきているのだと感じた。ムスリムの人は遠い存在ではなく，意外と身近な存在ということに気づいたため，これから関わることがあるときは，ハラームや六信五行のことを意識して行動したいと考えた。

このほか，人口だけで見れば，世界の５人に１人がムスリムという昨今，日本の慣習のみに囚われる狭い見方に気付いたといった感想も散見された。地理的な発想で，主題図を作成して地図から情報を読み取ったり，写真から情報を得たり，数字やグラフから見えることの背景を地域ごとの状況を踏まえて考察したりして，イスラームを捉え直してみることは，高校の歴史・公民の学習においても重要な視点である。様々な情報が生徒の頭の中で統合され，生徒自身が世界を多面的に見る目を養っていくことも地歴科・公民科の教科目標の一つであろう。

[注]

(1) 店田廣文・岡田宏文(2015)「日本のイスラーム―ムスリム・コミュニティの現状と課題―」.『宗務時報』119，文化庁，pp.1-22。

3-3　第3時：名著から読み解く(「倫理」)

井筒俊彦『イスラーム文化　その根底にあるもの』の中で言及される「イスラームは聖と俗の区別をつけないこと」に関しては，私たちが通常イメージする宗教観を覆す。この言及を通じて，ムスリムの断食やヒジャブを身につけることについての理解を深めさせることができると考える。

・本時の学習目標

①国によりイスラームにおける戒律の厳しさに差があることを理解する。

②井筒俊彦『イスラーム文化　その根底にあるもの』を読み，イスラーム文化に関する深い理解を得る。

③断食に関するムスリムの気持ちを想像する。

・本時の展開

	内容	指導上の留意点
導入 5分	・世界的なムスリムの増加，有名ブランドがヒジャブを作成しているなど，ムスリムへの関心を深める。 ・国ごとにイスラームの戒律に対する厳しさに差があることを確認する。	・後の展開でムスリムを一面的に捉えないようするための配慮である。
展開 35分	井筒俊彦『イスラーム文化　その根底にあるもの』を読み，ムスリムの信仰に対する感覚を理解させる。 「聖と俗の区別が設けないこと」 「砂漠の宗教ではない」 この2点にしぼり，生徒に読ませる。 ・隣の人同士で理解を共有する。	・読解力に差があるため，隣の生徒と共同して読ませる。
まとめ 10分	・問い：「断食をするということは，ムスリムにとってどんなメンタリティーを持っているか」を尋ねる。	

資料11-1　井筒俊彦『イスラーム文化　その根底にあるもの』より

「誰か神に素晴しい貸付けをする者はおらぬか。後で何倍にもしてそれを返却していただけるのだぞ。神はその掌をつぼめるも、ひろげるも、思いのまま。」（二章、二四六節）

「掌をつぼめる」とは、財布のひもを締めて金を出し惜しむこと。「掌をひろげる」とは、反対に気前よく金を出すこと。いわゆる神の恩寵が金銭的に表象されていることが面白いところです。そればかりか、厳粛な最後の審判の日すら商人言葉で描かれる。勿論、言葉だけのことではありません。考え方そのものが商売的なのです。

「一人一人の魂が、それぞれ自分の（現世で）獲た稼ぎ高だけきっちり支払って戴き、不正を受けることなど全然ないあの日。」（三章、二四節）

「（この世で信仰に背いた人々は）せっかくの神の御導きを売りとばして、その代金で迷妄（めいもう）を買い入れた人々。だが彼らもこの商売では損をした。すっかり当てがはずれて儲けそこなった。」（二章、一五節）

その他、これに類する例は『コーラン』の至るところにありまして、一々挙げていったらきりがありません。とにかくここで私が強調したいのは、このような表現法、このような考え方が全く都市の商人のそれであるということであります。砂漠的人間は決してこんな言葉は使いませんし、こんな考え方はいたしません。

こうしてイスラームは最初から砂漠的人間、すなわち砂漠の遊牧民の世界観や、存在感覚の所産ではなくて、商売人の宗教――商業取引における契約の重要性をはっきり意識して、何よりも相互の信義、誠、絶対に嘘をつかない、約束したことは必ずこれを守って履行するということを、何にもまして重んじる商人の道義を反映した宗教だったのであります。またそれと同時に、先祖伝来の生活の慣習を至上のものとして尊重し、そこから出てくる単純な生活のルーティンを守って、ものをあまり考えずに生活していくことのできる砂漠のベドウィンとは違いまして、都市の複雑な人間関係のなかで刻々に変化する生活の状況に敏感に適応し、人生の敗残者とならないために、たえず思考力を働かせていかなければならなかった、活発で、現実的な商人のメンタリティーを反映する宗教でもありました。

商業の中心地とはいいましても、ともかくメッカとメディナとは、アラビア砂漠のまっただなかにあって、砂漠的風土に取り巻かれたオアシスです。そのメッカ、メディナにあってすら、イスラームが砂漠的人間の精神の所産であるどころか、逆に、それに真っ向から対立するものであったとすれば、その後の歴史的に発展した段階でのイスラーム文化が、とうてい砂漠的人間のメンタリティーなどで測りきれるものでないことは、むしろ当然ではないでしょうか。

『井筒俊彦全集　第 7 巻』慶應義塾大学出版会，pp.12-13

資料11-2 「イスラーム」と一括にできない　文化の差

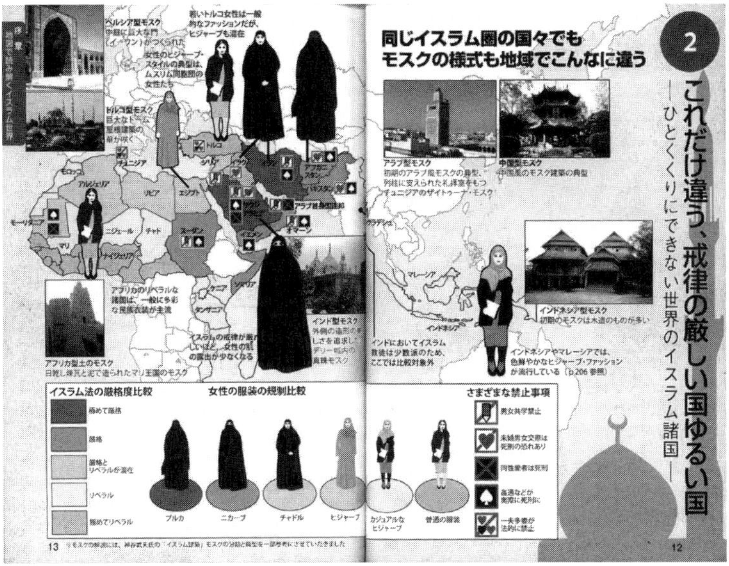

私市正年監修（2015）『イラスト図解　イスラム世界』日東書院，pp.12-13

・生徒の反応

断食をするということは，ムスリムにとってどんなメンタリティーを持っていると予想するか？　以下，生徒の回答である。

「断食をすることが生活の一部になっていて習慣化しているから，特別なメンタリティーを持っているわけではなく，ごく自然のこととして行っているのではないか。」

「日頃の生活に対して感謝を考えるためにやるというのが根本のメンタリティーとしてあるが，それが習慣化しており，現在ではひとつの『行事』として行っていると考えられる。」

「あたり前のことだから，（断食を）おかしいとも辛いとも思わない。むしろ断食をしないことのほうが不思議なこと。」

3-4　第4時：イスラームとは何か，世界史から考えてみよう（「世界史A」）

3-4-1　小林実践

1時間のなかでイスラームの教義や分派の形成，信仰の実際といった，多角的な側面の存在を認識できるように内容の精選を行った。特に信仰生活のあり方と関わりながら，中等教育段階では紹介されることの少ないイスラーム法の考え方についても盛り込んだ。そのうえで，学習した事項が社会のなかでどのようにあらわれているのかを，日本の新聞記事に紹介されたムスリムたちの事例を通して考える課題を設けた。

・本時の学習目標

現行学習指導要領においては，「現代社会」のなかでは「文化や宗教の多様性についても触れ，それぞれの固有の文化などを尊重する寛容の態度を養うこと」が，「世界史Ａ」においても「現代の諸課題を歴史的観点から考察させること」が要請されている。現代日本におけるイスラームの捉え方を学ぶにあたり，「地理Ａ」で地誌的な基本知識を得たことを前提に，イスラームの歴史的な展開をおさえ，なかでもその共通性と多様性，それらが動的に形成され，変容を重ねている点について意識できるようになることを目指した。

・本時の展開

	内容	指導上の留意点
導入 5分	マイノリティとしてのムスリムの多様性（諸宗教の共存は，既に一般的に行われてきたことを知る。）	南アジアの村落（ヒンドゥー教徒・キリスト教徒・ムスリムが共存）の事例およびムスリムの国別人口比とともに実数を示した主題図を糸口にする。
展開1 15分	イスラームの出現と分派の誕生，イスラームの信仰の基礎（六信五行）	六信については，セム系一神教の系譜にあたることなど，世界観の特徴がつかめるよう図示する。
展開2 25分	イスラームの共通性と多様性：イスラーム法，文化（建築等）・聖者崇敬と地域，近現代の展開	多元的な性格や学派による具体的な違いを事例から確認する。地域性の多様さを事例から確認する。報道に現れる「イスラーム主義」について，歴史の流れの中に相対化して捉える。
まとめ 5分	新聞記事から現代日本におけるムスリムの生活について考える。	課題について指示する。各記事の背景について，理解に必要な注釈を加える。

・成果と課題

事後アンケートでは，新しく知ったこととして「一言に禁止といっても，よくよく見てみると様々な考慮がなされている場合が多い」，「イスラム教の中にも，地域によって宗派に差があること」，などが挙げられ，歴史的に形成されたイスラームの地域的多様性については，一定程度の共通理解が得られたものと思われる。

ただし，事項が多くなり教員からの説明が主体となったため，紹介した知識が消化されず，それらと新聞記事の内容が結びつけられていない回答も多くあった。生徒の考えの筋道に即した授業の構成法について，改善を図る必要がある。

・主要参考文献
大河原知樹・堀井聡江（2015）『イスラーム法の「変容」―近代との邂逅』山川出版社。
菊地達也編（2017）『図説イスラム教の歴史』河出書房新社。
末近浩太（2018）『イスラーム主義―もう一つの近代を構想する』岩波書店。

3-4-2　小太刀実践

・本時の学習目標

本時は「現代社会」で「イスラーム検定を作ろう」を実施することを鑑み，「世界史A」の観点からイスラームについての知識を再確認することを目的とした。そのための調査として2学期までの定期考査でイスラームの宗派（シーア派・スンナ派）について出題したところ，正答率が著しく低かった。「世界史A」が必修科目であることを踏まえ，高校卒業までに生徒に持たせたい知識として，その基本情報や信仰される地域，宗派を取り扱い，さらには混沌とした現代のアラブ諸地域の歴史をみる際に，宗派の違いや対立を視野に入れて考えられる素養を養いたい。

・生徒へイスラーム理解を促すための工夫

教師からの一方的な情報伝達に終始することなく，生徒が持っている情報を聞き出し，共有することを目指した。生徒も見聞きしたことがあるイスラームの基本的な知識（唯一神信仰，食べ物などの禁忌，ラマダーン，ジハードなど）については，該当するクルアーンの記述（日本語訳）から読み取らせた。

・本時の展開

	内容	指導上の留意
導入 10分	発問「イスラームが信仰されている地域に色を塗ろう。」	・教員が提示する地図はイスラーム圏・アラブ圏・中東を色分けして提示した。イスラーム＝アラブ地域と誤認している生徒も多いが，イスラームがアジアにも広まっていること，アラブ地域にも非イスラーム地域があることを確認させたい。
展開1 20分	発問「イスラームについて知っていることをプリントの左枠に書いてください」 →生徒を指名し，答えさせる。知らなかったこと・忘れていたことがあればプリント右枠に記入するよう指示。 ・預言者ムハンマドについて基本事項をプリントで確認。 ・史料『預言者の伝記』と『クルアーン』（日本語訳）の抜粋7箇所を担当を決め読解。	・両史料ともに戒律についての根拠となる部分を気づかせたい。
展開2 15分	・イスラームの二大宗派について確認する。 →プリント左枠に既存の知識，右枠に今回学んだことを記入させる。 ・ムハンマド死後の後継者（カリフ）選びの過程を穴埋めのプリントを用いて確認する。	
まとめ 5分	・現代の紛争の対立構造においても宗派の対立がみられることを，シリアの問題から確認する。	

・生徒の反応

(1) 二大宗派について（定期考査から）

本授業実施前の２年生（世界史 A）の定期考査で，サウジアラビアの宗派を問う出題を行ったところ，正答した生徒はほとんどいなかった。（なお出題は19世紀の西アジアに関するものであり，ワッハーブ運動とサウード家のつながりによって建国した国家を答え，さらにその宗派を答えるというものであった。）この結果から，シーア派・スンナ派といったイスラームの宗派の違いやその分布について，生徒の理解があまり深まっていないことがうかがえた。

(2) 生徒の既存の知識について

本授業では B4 用紙両面のプリントを使用し，授業後に生徒が記入したプリントを回収した。

〈イスラームについて知っていること／イスラームと聞いて連想すること〉

・シーア派とスンナ派がある	・預言者ムハンマド	・お祈りをする
・お酒と豚肉がだめ	・アッラー	・女性のスポーツ観戦禁止
・女性の肌の露出禁止	・アラビア語話者が多い	・偶像崇拝禁止
・黒い被りものをする	・ラマダンがある	・ハラル食品を食べる
・メッカへの巡礼	・ザムザムの聖水	・コーラン
・イスラーム国	・イラン	・サウジアラビア
・世界三大宗教の一つ	・ウマイヤ朝	・アッバース朝

上記の回答は，あるクラスで授業冒頭にとった「イスラームについて知っていること」の抜粋である。５つ以上のキーワードをすぐに記入していた生徒がほとんどであり，クルアーンやメッカ・ラマダンなどの用語はこれまでの学習から定着していることがうかがえた。二大宗派としてシーア派とスンナ派をすぐに挙げられる生徒も多かった一方，その違いやどちらが多いかなど詳細な情報を自由記述させると，ほとんどの生徒の手が止まり，白紙回答がほとんどであった。２つの宗派の由来はどこにあるのか，現在の国ではどこが当てはまるのか，といった知識はほとんどの生徒が持っていなかった。

(3) まとめ

クルアーンの日本語訳を読解させ，生徒自身が知っている知識の根拠となる箇所の原典を確認させたところ多くの生徒が興味を持って活動していた。生徒からの感想欄を見ると,「小学校でやったことを思い出した」「中学で『アラブの春』について詳しく学んだので,その知識が役に立った」など,本学のある附属中学校ではイスラームについて幅広く学んでおり,かつ一定の知識の蓄積があることがうかがえた。授業以外でもISやサウジアラビアにおける女性の自動車運転認可やスポーツ観戦の可否など,昨今のニュースと絡めてイスラームについての情報を得ているようである。一方,「宗派について今回知れたが,これまでニュースで見聞きしても自分から調べるほど興味を持たなかった」と正直な心情を書いた生徒もいた。本時はあくまでも「世界史A」の授業として行ったものであり,その狙いはイスラームという宗教についての基本知識を身につけることではない。その知識をもとに歴史,さらには現代の社会を分析する力を養うことである。今回は単発の授業として行ったが,次年度以降もこの内容を通史やテーマ史の中に取り入れて継続的に扱っていきたい。

3-5　第5時:イスラーム検定をつくろう(「現代社会」)

生徒たちに,今までの授業を踏まえた上で「ムスリムと共同生活をする上で,日本人が知っておくべき知識を問う問題(5題)を作成しなさい」と指示を出し,1時間作成時間を設けた(授業中に作成できなかったものは課題として後日提出させた)。その回答の内容を分類した(表11-1)。多い順で並べると,「食べ物」と「五行」に関する回答が突出して高いことが挙げられる。事前に行った地理や公民の授業では,断食について考察させる時間を最後に設けている。そのことから,食事に関して一定の理解を示すことがムスリムとの共生において必要であると考える生徒が多いと予想される。

表11-1　イスラーム検定で作成された問い

文化			六信五行		地理歴史	
食べ物	国の文化	ヒジャブ	六信	五行	歴史	地理
31	9	4	11	36	10	14
計44			計47		計24	

宗教知識				その他
クルアーン	メッカ	宗派	他の宗教との比較	考えを述べよ
3	3	11	7	5
計24				計5

資料11-3　生徒が作成したイスラーム検定の例

・「イスラーム検定」を作成しよう

ムスリムと共同生活をする上で、日本人が知っておくべき知識を問う問題(5題)を、作成してください。なお、問題は必ず「選択問題」と「記述問題」を混在させてください。また裏面には、模範解答も書くこと。

問1

イスラム教を成立させたムハンマド・アリー(570〜632)の人生にまつわる以下の文章の空欄(①〜⑨)に入る言葉をそれぞれ答えよ(各　点)

西暦570年、ムハンマド・アリーが(①　　)に生まれる。ムハンマドが生まれたのは当時の名家であるクライッシュ族であった。
ムハンマドは25歳ごろに年上の女性と結婚をする。彼が40歳のとき、大商人による富の独占が進むメッカ社会に心を痛め、洞窟で瞑想にふけっていると、唯一神(②　　)から啓示が下り、預言者であると自覚した。以後布教を始め、630年には(①　　)を征服した。
このムハンマドが受けた啓示はのちに(③　　)という、イスラームの聖典としてまとめられた。

問2

ムスリムの信仰と戒律の中に五行(信仰の告白、礼拝、喜捨、断食、巡礼)があるが、五行以外の規範としてあてはまるものをすべて以下の選択肢から選んで答えよ。

ア．酒を飲んではいけない　イ．男性も女性も他人に肌を見せないよう隠す　ウ．豚肉を食べてはいけない　エ．他宗教の信じる神とアッラーは別神である
オ．毎日聖典を音読しなくてはならない　カ．賭けごとをしてはならない　キ．牛肉を食べてはいけない　ク．男性は妻を3人までもつことができる

問3

イスラームのシーア派とスンニ派が別れた原因を述べよ。

問4

ラマダーン(断食月)について述べた次の選択肢のうち正しくないものを答えよ。
ア．ラマダーンはその月の日の出から日没までの間断食をすることである
イ．ラマダーンは飢えた人や弱者への共感を重視したものである
ウ．ラマダーンはヒジュラ暦の第10月である。
エ．ラマダーンが終了すると、それを祝う祭りが行われる。
オ．ラマダーンは太陽暦で毎年11日ほど早まる。

問5

右の写真はサウジアラビアの国旗である。
この国旗の上部に書かれたアラビア語の意味を日本語で述べよ。

(注) 問1に「ムハンマド・アリー」とあるが，これは「ムハンマド」の誤り。

・「イスラーム検定」を作成しよう

ムスリムと共同生活をする上で、日本人が知っておくべき知識を問う問題(5題)を、作成してください。なお、問題は必ず「選択問題」と「記述問題」を混在させてください。また裏面には、模範解答も書くこと。

問1　ムスリムの友人に、料理を作ってあげることになった。蔵性は問わない。
{・調理前後の消毒、
・使用する食材
の観点から、留意すべきことを答えよ

問2　イスラームの女性は、肌の露出を抑えるために、布で肌をおおう。
イスラム法が極めて厳格な国々で使用される全身を隠す服装の名称を答えよ。

問3　ラマダーン月、ムスリムは、陽が昇っている間、断食をする。
ラマダンの例外となる状況としてあてはまらないものを答えよ

①妊娠している女性　②不治の病の者　③旅路にある者　④高齢者

問4　同じイスラーム圏の人々でも、国や地域、宗派によって、イスラム法の厳格度や、コーランの解釈の仕方が異なる。
以下の国のうち、イスラム法が最も厳しい国の番号を答えよ。

①モロッコ　②インドネシア　③マレーシア　④サウジアラビア

問5　イスラム法の厳しい国々の人々でも、他の宗教との共存、独自の文化の楽しみができるようにする工夫がある。
ムスリムの女性が海に行く時、どのような工夫がなされているか
・女性の服装　という観点から答えよ。

また「六信五行」については，「地理Ａ」や「世界史Ａ」の授業で扱われ，「現代社会」や「倫理」の教科書でも太字で詳しく言及されていることから，生徒たちが重要であると判断したことがうかがえる。特に，共生という視点に立つとき，「断食」や「礼拝」について理解をするべきであると考えている生徒が多い。

一方で予想外であったのは，イスラームの象徴なものの１つである「ヒジャブ」に関する記述はあまり多くなかったことである。授業で扱わなかったわけではない。特に地理や倫理では実際にインドネシアのヒジャブの雑誌まで見せ，生徒は強い関心も示していた。にもかかわらずヒジャブに関する記載が少なかったのは，日本においてヒジャブの着用が大きく社会問題化したことがないこと，また地理・歴史・公民それぞれの教科書において「六信五行」に比べると目立たないことが関係しているのではないかと予想する。ただし，現実のムスリマにおいてヒジャブは極めて重要な要素である。生徒たちがムスリムとの共生を考える際に，ヒジャブについてさらに関心が高まる工夫が必要であると感じた。

3-6　第６時：ムスリムと対話しよう（「現代社会」）

・本時の学習目標

東京学芸大学に留学中のインドネシア人のＫさんと対話する。

①ムスリムとして壁をつくるのではなく，Ｋさんという個人に接する態度を養う。

②同時にイスラームについて深い知見が得られるような質問を投げかける。

③対話を通じて自らの価値観や既習事項について振り返り，知識を再構成することができる。

④よりよいムスリムとの共生について，対話の内容を活かして考えることができる。

写真 11-1　ムスリム・ムスリマと生徒の対話

・**本時の学習活動**

時間	学習の流れと生徒の活動	教員の指導と手立て
事前課題	「ムスリムの信仰の実存に迫るような質問を考えてきましょう」	
導入 5 分	今回の授業の趣旨説明 ムスリムの自己紹介	
35 分 展開 1 (10 分) 展開 2 (10 分) 展開 3 (5 分) 展開 4 (10 分)	ムスリムの人（イスラーム教徒）とまず考えず，転校生にするような質問してみよう。 ・予想される生徒の質問 　日本で好きなものは何ですか？ 　大学でどんな勉強をしていますか？ イスラームの文化について聞いてみよう。 予想される生徒の質問 　豚肉を食べてみたいと思ったことはないのですか？ 　お祈りはどんな気持ちで行っていますか？ 　イスラームは嘘はダメというけれど，サプライズパーティされたら怒りますか？ イスラームの宗教観について聞いてみよう。 予想される生徒の質問 　もし好きになった人がキリスト教徒だったら，どうしますか？ 　逆に，ムスリマであるKさんが，日本の高校生に聞いてみたいことは何ですか？	左の指導計画は，以下の観点を達成することを目標に行われていく。ファシリテーターとして，教師は以下の役割につとめる。 ①お互いの壁を取り去る 「ムスリマ」であることを生徒が自覚してしまうと，お互いの間に壁が出来てしまい，対話が成立しない。他ならぬインドネシアから留学に来た「Kさん本人」に迫り，彼女を人としてみるところから出発する。 ②くだけつつ，深める 　くだけた会話の中でも，イスラームの知見が得られるような話題を捉える。交流を維持した上で，かつイスラームを理解できるようにする。 ③立場を入れ替える 　対話である以上，一方的なやり取りをせず，絶えず立場を入れ替えることに務める。生徒はムスリマへ質問をし続けるのではなく，ムスリマから質問を受け，それに答える。生徒はただ知識を享受するだけではなく，ムスリマ（さらに教師）に対して知識を与える側になることもある。
まとめ (10 分)	今日の授業で学んだことを振り返り，プリントに書く。 ・対話の中で得られた学びについて，あらためて自分自身の言葉で捉える。 ・イスラームと共生するために必要なことについて，考えさせる。 教師より，ムスリム個人に向き合うことの大切さについて触れる。	・生徒が書いている間に，Kさんに今日面白かった質問を振り返ってもらう。

・対話の様子

授業では，様々な質問が展開された。特に生徒の印象に残っていると思われる対話を2つ紹介する。（S：生徒　M：ムスリム）

①IS はイスラーム教徒だと思うか。

S：「IS はイスラーム教徒だと思いますか？ IS についてどう考えていますか？」
M：「IS は『怖い』です。テロを起こして，人を殺して，怖いです。同じイスラーム教徒だとは思いません。」

生徒たちは，ムスリマがIS を「怖い」と思っていることにとても衝撃を受けた様子であった。生徒は今までの学習から，ムスリマはISがイスラームであるとみなすか／みなさないかという点に関心が偏っていた。だからこそ，ムスリマがIS を「怖い」と思っていることに気づく視点がなかった。よくよく考えてみれば至極当たり前な感覚であるのだが，ムスリマの感情に触れることは，対話を経験した生徒の8割が「印象深いこと」に挙げている。

②豚を巡る一連の議論

S：「豚肉は食べますか？」
M：「食べません。」
S：「豚骨ラーメンは食べますか？」
M：「豚骨？（豚の骨が使われていることを聞いて）ああ，食べませんね。」
S：「豚の形をしたパンは食べられますか？」
M：「ああ，これは食べられますね。だってこれ，パンだもん。」
S：「豚のぬいぐるみをプレゼントされたら，困りますか？」
M：「豚のぬいぐるみ？大丈夫です。かわいいと思います。」
S：「（実際の）子豚はどうですか？」
M：「（本物の）豚は気持ち悪いです。でも，食べている人をみて，どんなものなのか食べてみたいとは思います。」

教科書には「豚を食べない」という知識しか書かれていないが，そこから考えを巡らせ様々な状況を生徒たちは想定した。あくまで今回の対談での結論でしかないが，どうやらムスリマは「原材料として豚がダメである」という認識をしていることがわかった。ゆえに，象徴的な存在としての豚（キャラクター，豚の形をしたパン）は大丈夫であることがわかった。

③信仰について

S：「礼拝が出来ないとしたらどんな気持ちになりますか？」
M：「出来なければ仕方ないです。代わりに別の時間にやります。出来なければ，残念ですが，諦めます。」
S：「アッラーを信じるＫさんにとって，無宗教の人はどう思いますか？」
M：「普通の人です。」

豚は絶対に食べないとしていたムスリマであるが，１日５回行われる「礼拝」については比較的寛容な態度を持っていることのギャップにも生徒たちは驚いていた。また教科書で説明される「アッラーへの絶対的信仰」から，多くの生徒がムスリマは無宗教の人を変だと思っていると予想していたが，Ｋさんの寛容な態度に驚いていた。

教科書の知識から予測される出来事が異なっていることに，生徒たちは自分の考えを修正しながら聞いている様子であった。

・授業後の生徒の反応

①「イスラームと共生するために必要なことは何だと思いますか」

「私たち日本人はまだイスラームについて無知で無理解だと気付かされた。もう少しイスラームの人と関わって，宗教だけではなく人として理解し合うことが大切であると思う。」
「私たちとの普通の感覚と違うわけではないことを知った。そこまで難しく考えて接するのではなく，話したり，日常生活を送ればいいと思う。これからは，イスラムの人への近寄りがたい印象をなくしていけばよい。」
「イスラームに対する知識を得ることは大切だと思うが，それが先入観になる事実もあるようだったため，まずは一人の友達，人として，他の人へと同じように接して，その人自体を知るほうがよいと思った。」
「今日の授業みたいに小さな質問とかを重ねることで，少しずつイスラムへの偏見が抜けていく。信じているものは違えど，感覚は私たちと近いから，お互いに疑問に思うことは少しずつ解消していきたい。」

ムスリマと対談するなかで，イスラームへと直接関わることの大切さを挙げる生徒がほぼ全員であった。知識を得るがゆえに偏見が生まれると指摘した生徒にも着目したい。

生徒たちの記述からをみると，「ムスリムと話せば分かる」という共生において必要な態度が形成されたことがうかがえる。イスラームとの共生を考えるとき，ムスリムの実存に迫るというアプローチは生徒たちの学習意欲や共生を目指す態度の形成に有効であると示された。

②「自分の作成したイスラーム検定や高校の教科書に書かれている内容を振り返って，ムスリムとの共生のためにどんな点で足りないと思いますか」

> 「（教科書には）イスラームの決まりなど，知識に関するものがほとんどなので，ムスリムの日常生活や考えに迫るものがないと思った。」
> 「戒律のことだけを問うのではなく，根底に流れている思想（日常生活で大切にしていること）についてもっと教科書は触れるべきだと思った。」
> 「ムスリムの人も，まず前提として自分たちと同じ人間であることを強調するべき。ISとは違うことを強調しないと，誤解が生まれる。」
> 「イスラム教徒の人でも厳格なイスラム教徒の人を恐いと思うのは意外だったし，考えたことはなかった。イスラム教徒の人にもいろいろな人がいることをより表に出してほしいと思った。」
> 「ムスリムの多様さが全く書かれていないこと。」

これらの記述から，生徒の学びとして既存の学習の中で①イスラームの多様性についての理解が欠けていること，②ISとイスラームの違い，③戒律に知識が偏り，日常生活や信仰に対する思いを重視してほしいという3点が特に目立って回答された。生徒はムスリムとの対話を通じて，イスラームの多様性や教科書には記述されないムスリムの実存について，学びとっていることが分かった。

イスラームの多様性については，実は「地理A」や「現代社会」の授業でも扱っている。たとえば国ごとによって戒律が厳しいことについて，地図を見ながら生徒は感心の声をあげながら学習していた。「こんなにルールが違うんだ」と漏らしていた。しかしムスリムとの対話の中で，あらためてイスラームの多様性を学んだという生徒たちの声からわかることは注目に値する。多様性を理解する上で，対話型学習が有効であることを確認した。

4. 授業実践を振り返って

本実践では，イスラーム検定を作成した生徒が，ムスリムと対話することで自らのイスラーム観が変容し，その過程でどのような学びを得るかを追跡した。知識の偏りや，知識を得ることによってかえって身につけてしまう偏見も確認された。イスラームを授業で扱う中で，本実践で得られたことはあらためて今後注意していく必要があると感じた。

また多文化共生が目指される中で，実際にムスリムと接する機会を高校段階でもつ必要があると感じた。

とはいえ，このような機会に恵まれることが難しいことも重々承知している。今回の実践では，東京学芸大学の留学生センターをはじめ様々な方の協力があって実現できた。この場を借りて感謝を申し上げたい。

次期学習指導要領「公共」を巡り様々な授業が提案されている。しかし，このようなムスリムと対話できる場を設定することや，諸機関と学校の連携を強化していくことの重要性もあらためて感じられた。

〈トピック〉

高校生たちのイスラームへの関心

――生徒のイスラーム研究実践を例に――

廣川みどり

高校教員として世界史等の授業を担当し，35年余が過ぎた。私自身の高校時代は授業担当の先生から「イスラームはよくわからないから抜かします。自分で勉強しなさい」と言われ困惑し，教員になると「イスラームって一体，どう教えれば良いの？」と同僚達から詰め寄られた。授業でアンケートをすると，異質で，どこか近寄りがたいイメージを持っている生徒が多かった。大学でイスラーム史を専攻した私は，その度に学んだ内容やムスリムの友達との交流などを丁寧に話すことを心掛けた。

そんな中で四半世紀ほど前，卒業したある女子生徒が「私，イスラーム教徒になりました」と訪ねてきたことがある。その生徒は，私が担任だったわけでもなく，世界史を教えただけの関係だったが，たまたま結婚相手がパキスタン人のムスリムで，入信証明書を持って訪ねてくれた。その入信の様子を喜々として話し，その証明書を「授業で使って良いですよ」と言ってくれた。また，15年ほど前にはイスラームの単元の授業後，ある帰国生徒が「先生，これ授業で使って下さい」と二つ持っているというアザーン時計をくれたり，昨年はマレーシアへ派遣事業で行った生徒たちが「アッラー」と「ムハンマド」とアラビア語で書かれた部屋飾りをみんなで買い，土産に持ってきてくれたりした。この品々はどれも，授業で活用できる大切な宝物となっている。

たとえイスラームについて負のイメージを持つ生徒が多くても，教える側がそれを誇張したりせず，その歴史や特徴を偏見なく語っていけば，生徒たちは異文化との接触に興味を抱き関心を示すのではないだろうか。それまでの先入観とは異なる印象が上書きされていくように感じる。さらに己の問題意識に従って行動し，自分の目で異文化を知るための出会いを求めていこうとする生徒もいるのである。

実際に自らの疑問に基づき在学中に素晴らしい調査，研究をした例を紹介したい。前の勤務校は進学校で，一般受験の生徒がほとんどであったため，ＡＯ入試や推薦入試で合格した３年生の生徒に対して「卒業論文」という名目でレポートを課し，報告会を実施していた。ここで紹介するのは，2008年に私が指導を担当した生徒である。今回，彼女に久しぶりに連絡を取った際，私が世界史の授業担当者ではなかったので，「何で私のところに来たのだっけ？」と聞くと，授業担当者からの勧めとともに友達に相談したら廣川先生の所に行けば…と言われたそうである。私の授業を受けた生徒が，彼女に私を推薦したという話に幸せな気持ちになった。

件の生徒は，周囲の友達の「イスラーム教って何か怖い，テロとかも多いし」という何気ない一言から，それは本当なのかという問題意識を持って，「イスラーム世界と日本」という報告を計画した。事前学習として，書籍やインターネットなどの情報だけでなく，イスラームに関連する施設を直接訪問してみてはどうかというアドバイスをした。はにかみながらも，勇気を出して行ってみますと話した彼女が，報告のスライドの最後を次のようにまとめた。

まとめ

日本在住のパキスタン人ムスリムと話して感じたこと
・日本人のイスラーム認識とは異なる
・本来のイスラームの意味は“平和”
・非常にやさしい人々
これからの課題～良い関係を築くためには～
・メディアに左右されない
・お互いに相手のことを理解すること
・歩み寄ること

もともとエルトゥールル号事件に興味を持っていた彼女に，中近東文化センターでその企画展が行われている情報を提供すると，一人で出かけていった。その際，大学研究者やテレビの解説委員の講演を聞き，自分の関心をさらに深化させたようだった。また，身近にも複数の宗教施設があることを話すと，ムスリムの人たちから直接話を聞くために訪問した。高校生にとっては，異空間の中で見るもの聞くものドキドキの連続だったに違いない。しかし，そこでイスラームの本来の意味を語りかけ，日本の人々ともっとコミュニケーションを取り近付きたいと語る人たちと接することで，彼女は今後の交流のあるべき姿を探求していったのである。こうした生徒との出会いは，教員にとっても刺激となり，フィールドワークの重要性に気づかされるものとなった。

以下，彼女のレポートの一部（実際の約３分の１弱）を掲載する。

「イスラーム世界と日本」

1　はじめに

このテーマを選んだきっかけは周りの人たちの「イスラム教ってなんか怖い。テロとか多いし」という何気ない一言だった。確かに世界史を学ぶ前は，私もイスラーム世界はどこか遠い存在で，よくわからない怖い人々だという印象を持っていた。テロなどの暴力行為が絶えず，発展が遅れていると思っていたかもしれない。…しかし真剣にイスラーム世界について学ぶと，これは大きな誤解だった。中世の頃イスラーム世界はヨーロッパ世界よりはるかに高い文明を誇っていた。ここで私はイスラームに対する認識を改めたのである。しかし私が思うに，上で述べた私の周りの人たちのような言葉が現在の日本人のイスラームの人々に対する認識であると思う。しかしこれは本当なのか，イスラーム世界は現代日本人が認識しているように恐ろしい世界なのか。私はそこに疑問を持った。また，現代日本人にはほとんど知られていない交流があるのではないかと考えた。私はひょんなことからある事件のことを知り，それから続くトルコ（イスラーム世界）との交流を知った。やはりそのことは今の日本人はほとんど知らないようだった。日本人のイスラーム世界に対する認識を改めたいことと，意外と知られていないトルコとの関係を知りたいと思った。そしてこれからのイスラーム世界と日本の関係を考えてゆきたいと思ったのだ。

2　エルトゥールル号事件

まず私がトルコ（イスラーム世界）に関心を持ったのは，エルトゥールル号事件というものを知ったからだった。…エルトゥールル号の遭難は本当に痛ましい悲劇ではあったが，日本の国民を挙げての救援活動はトルコ本国に伝えられ，トルコ国民の心の中に日本に対する親愛と感謝の念を根付かせるきっかけとなった。串本町ではエルトゥールル号の遭難以来，第2次世界大戦中には一時的に中断したものの，トルコ共和国との共催で5年ごとに慰霊の大祭を催し，現在に至っている。

3　イスラーム関連施設訪問

エルトゥールル号事件に関して，中近東文化センターで企画展示が行われていることを担当の廣川先生が教えてくださった。そして他にもイスラーム関係の施設がたくさんあると先生から伺い，今回の研究論文をより深めるため，千葉近隣の施設を訪問する機会を得て，私のイスラーム認識は大きく変化した。

①中近東文化センター

東京都三鷹市に中近東文化センターがある。…ここの企画展示内容が「日本とトルコ友好のかけ橋　エルトゥールル号回顧展」であったため，休日を利用し訪ねることにした。展示内容はとても興味深いものであった。当時の詳しい情報が多くの写真や展示物を通して伝わり，特に難破して破損したエルトゥールル号の本物の残骸が展示してあり，それは広島の原爆ドームに展示されている遺品を連想させた。…当時の遭難者の診断書も展示してあった。

この回顧展を記念し，中近東文化センターではシンポジウムを催して講演会を何度か開いていた。その講演会の日を選び拝聴してきたが，私が聞いてきたテーマは「トルコはEUに入れるか否か」というものだった。一橋大学大学院教授の内藤正典氏とNHK解説委員の百瀬好道氏の講演であったが，素人である私にもわかりやすい内容だった。正直言って私は時事問題には疎いからどうしてもわかりにくいものになってしまうのではないかと危惧したが興味深い内容であった。内藤氏は「トルコから見たEU加盟交渉の過去・現在・未来」，百瀬氏は「ヨーロッパから見てトルコはEUに入れるか？」というタイトルであった。…本当にトルコはEUに加盟することができるのだろうか。両先生によると，かなり長い先の話になるそうだ。…

②行徳ヒラーモスク

市川市の行徳駅を降りてしばらく歩いたところに住宅街がある。その中にひっそりと建っているのがこの行徳ヒラーモスクである。ここのモスクでは導師であるモハメッド・サリムさんが住み込み管理しているという。私は事前に連絡を取り，話を聞かせていただくことになった。

このモスクに礼拝に来る人々は様々で，パキスタン人，インド人，マレーシア人，リビア人，ガーナ人など多くの方々が礼拝に来るという。モハメッドさんはミャンマー出身だ。日本人ムスリムもやはりいるという。結婚してムスリムになった日本人女性の他にも自らムスリムになった人々もいる。土日になると某大学の教授も来ると聞いたが彼もムスリムらしい。県内はもちろん，都内からも礼拝に来るという。…私はまず今回のこのトルコ（イスラーム世界）と日本の関係（交流史）というテーマで論文を書いているという旨を伝え，それについて日本語に堪能なマンスールさんが話してくださった。なんと彼も，日本の大学在学中に同じようなテーマでレポートを書いていたというのである。

「まずあなたはイスラームの意味を知っていますか。イスラームとは，本来服従，降伏という意味があり，またサラームにすること，つまり安心で平安になることという意味があります。要は平和という意味なのです。しかしこれを本当に知っている日本人は少ない。イスラームはテロのこともあって恐れられていますが，イスラームでは自衛，信仰・財産・生命の自由，人間の尊厳を守る目的，暴力で自分の故郷から追放された者の戦いを許しています。しかしイスラームの戦争には厳しい制限があり，なんでもかんでも戦争してよいわけではありません。…あなたはもし自分の身が危うかったらどうしますか？何もしないで待つだけですか？否違います，自分自身を守るでしょう。男も女も関係ありません。自分の身は自分で守るのです。イスラームはその当然のことを許しているのです。でも絶対に侵略はしない。私たちのあの行為は決してテロではありません。じゃああのイラク戦争のアメリカの攻撃は何だったのか，なぜあの行為を世界では誰も，テロと言わないのでしょうか」

沈痛な面持ちで彼は語った。

「私たちは日本人をとても尊敬している。…私たちはできれば日本人に近付きたいと思っています。私たちムスリムはメディアで報道されているほど恐ろしい存在ではないし，しかも恐れられているのは一部のムスリムたちです。…私たちは平和を愛している。そして日本人も同様に平和を愛しているのではないのですか。確かにテロが起こってから周りの人々の視線も冷たくなったし，距離を置かれるようになりました。いまのところ近所の学校などとの交流はありません。でも私たちは日本人のことをもっと知りたいし，近付きたい。できれば近所とのコミュニケーションをとっていきたい。でもそうするには，お互いに相手を知ろうとしてちゃんと理解しなければならない。やっぱり良い関係を作るにはお互いに歩み出すことが大切だと思うのです」

マンスールさんは熱弁をふるってくださった。そして彼はもし役に立てるのだったらと，10冊近くのイスラームに関する本をくださった。…

③東京ジャーミイ（トルコ文化センター）

東京都渋谷区大山町の大通りに面したところに豪奢なモスクがある。2000年に建てられたばかりの東京ジャーミイだ。1階はトルコ文化センターとして様々な展示品がある。いずれも高価そうな大皿や壺である。豪奢なタイルも展示されていた。…部屋の一角に本棚があり，ほとんど全部イスラームに関する書物であった。…日本語の書籍もある。中には今回この論文を書くにあたって読んだ本もあった。…また礼拝の様子を見学させていただいた。説教師がアザーン（呼び掛け）を館内に響かせ，礼拝が始まる。やはりここにも様々な人種のムスリムがいた。行徳モスクでは見られなかったが，多分恋人同士か夫婦なのだろう，日本人女性のムスリムもいた。…若い日本人女性が礼拝用のマットとクルアーンを53セット買っていった。

そしてここでも少しだけだが，話をさせていただくことができた。…東京ジャーミイは日本とトルコ，そしてイスラーム世界との架け橋としての役割を継続していけるよう努力している。では具体的に，どのような役割を果たしているのか。会長のジェミル・アヤズさんは言う。

「日本にいるムスリムの交流の場としてはもちろんのこと，先程あなたが見ていた通り日本人ムスリムの団体にも協力しています。それから集会所ではムスリムと日本人の結婚式などの2次会にも使われますし，近所の方々を招待して何かしらのパーティにも使われます。また，トルコに行きたいとおっしゃっている方々におすすめの観光地を教えたり，また当然のことながら私たちが現地に赴くわけにもいきませんので，通訳の方を見つけたりするのも役目です。そういう些細なことからやって地域の方々と交流しているのです」

確かに架け橋のような役目をしているなと思った。

4　明治・大正期の日本とイスラーム世界（略）

5　まとめ

実際にいろんな場所に足を運んで感じたのは，イスラーム世界の人々（ムスリム）は親切であるということである。メディアなどではすっかり悪者扱いされている彼らだが，接してみると何でもない，とてもやさしい人々だった。行徳モスクに訪問したとき一通り話し終えたあと「紅茶は飲みますか？」と聞かれた。どこかの本で読んだことがあるが，トルコ人はすぐに紅茶を勧めるという。そのときは残念ながら時間がなくいただけなかったが，東京ジャーミイを訪れたときも紅茶をいれてくださった。しかもプティングも用意され，なんとも申し訳ないと思ったが，ありがたくいただくことにした。

こうして接してみると現代日本人のイスラームの人々に対する認識は間違っていると思う。メディアで報道されるような怖い人々では決してないのだ。私たちと同様に平和を愛し，祈っている。行徳モスクのマンスールさんもおっしゃった通り，お互いに知ろうとしなければ何も進まない。ともに生きていくためには相手をよく知り理解しようとすること，それが一番大切なのである。お互いに歩み寄ってこそ，真の交流と言えるのではないだろうか。

今回の原稿では掲載できなかったが，彼女は「まとめ」の前にエルトゥール号事件以降の日本とイスラーム世界のつながりについて言及している。自分で体験したことを通じ，知らないだけで実は過去に深い関係があったことに気づき，現代とを結ぶ歴史を探る必要性を感じたのだ。この研究実践は，教員として勉強となった事例であると同時に，彼女にとっても充実した経験となったと確信している。

第Ⅲ部
異文化理解・多文化共生を目指す教育へのヒント

「人間よ，我ら（神）はあなた方を一組の男女から創造し，数々の民族や部族に分けたが，それはあなた方が互いをよく知るためである。まことあなた方のうち神の前で最も貴いのは，最も敬虔な人である。」

（クルアーン第49章第13節）

＊人類は民族や家柄の違いにもかかわらず平等であり，同胞として互いを尊重し共生することが求められている。ムスリムが交わす挨拶「アッサラーム・アライクム」（あなた方の上に平安がありますように）にも，この教えが込められている。

第12章

偏見に向き合う世界史把握の方法

――知ることによって自らの偏見に気づき打破するような学習を目指すために――

日高智彦

1. はじめに

鈴木亮（1924年-2000年）は，日本人の世界像を常に問題にしながら，世界史教育とはどうあるべきかを模索した，元東京都立高校教師である。彼の論考に，以下のような一節がある。

> 手島悠介『ぼく日本人なの？』（ほるぷ出版）に，つぎのような部分がある。
> 崇山は中国残留孤児の子で，母・父ともに祖国日本に帰ってきた。小学校四年生だ。おなじ団地の子ども健たちにいじめられ，石をぶつけられる。健たちは崇山をからかってさけぶ。
> 「中国人，中国に帰れ！　くさいな！」
> 「中国人！　日本と中国が戦争したの，知ってるか！」
> 「日本は，中国にまけたんだぞ！　だから中国はわるいんだ！　中国に帰れ，中国人！」
> 担任の善村先生は，健の母親のところにはなしに行く。健の母親はいう。
> 「どうして，健だけがわるいんです！」
> 「わたしだって，中国人のことはきいていますよ。あの人たちはひがんでるんですよ。石をぶつけられたといって，大げさにさわぎたてるんです。めいわくするのは，こっちですよ」
> 「うちの子は，よわいものいじめするような子じゃありません。いじめられるほうにも，それだけの理由があるんじゃないですか」

善村先生は，もうはなすことばもなく健の家を去る。

この本を読んで，わたしは「大東亜戦争」はおわっていないのではないかと思った。十五年戦争，第二次世界大戦は，日本の子どもたちに，何の役にもたっていない。この子ども，高校生や大学生，この子の若い母親を育てたのはだれなのか。

わたしたち教師は，なにも教えていないのではないだろうか。[1]

様々なことを考えさせる一節である。それにしても，鈴木はここで，教師は何を「教えていない」と言っているのだろうか。同書の別の一節には，こうある。

知ることがどんなにだいじなことか。しかしそれは，たくさんのことを知らなければならないということではない。いっぱい知りさえすれば，ゆたかな認識が育つのであろうか。

何を，どう知るか。その知り方とくみたて方の問題である。

インドネシアの教科書の太平洋戦争のくだりを読んで，ある高校生がこう書いた。

「インドネシアは日本帝国をわるいといっているが，日本はインドネシアの独立に貢献した。しかし，占領した日本も下手な占領をしたものだ。アメリカの占領政策をみろ。この巧妙な仕方を。もっとインドネシア人の心をとらえ，日本の欲しかった原料だけを得ればよかったのだ。

また，インドネシアは独立を祝っているが，現在の状勢をみろ，あのさまを。低開発国は低開発国であり，いろいろな国の謀略にかかるより，力のつくまでは，一国の温室におさまっていたほうが，現在もっと上級の国におさまっていただろう。今日は猛獣狩り，明日からは機械というわけにはいかぬ」[2]

鈴木がインドネシアの教科書を生徒に読ませたのは，おそらく，被支配者（＝インドネシア）側からの視点を学習させることで，生徒の持つ支配者（＝日本）側からの視点を相対化させたかったのだろう。この生徒はよく学んだが，しかし，支配者としてインドネシアを見る視点は相対化されなかったと見てよい。

この原因を，鈴木は，何を知っているかではなく，「知り方とくみたて方」にあると考えたのだ。「教えていない」としたのは，単に中国残留孤児について授業で扱っていないという学習内容のことではなく，自分自身の他者認識（の歪み・偏り）を見直すような仕方で学ばせていないのではないかという，学習方法の問題なのである。

鈴木にとって世界史教育とは，上記のような意味でのものごとの把握・社会認識の方法であった。よって当然ながら，それは日本や日本史の認識を含む学習であり，世界史＝外国史という一般的なイメージとは異なるものである。

ここまで本書を読み進めてきた読者諸氏は，以上の鈴木の問題意識が，本書の主題と重なることに気づかれるのではないか。認識が豊かであるほどイスラームについての偏見も強くなることがある，ということは，本書の研究の出発点のひとつであった。そして，本書の諸実践は，知ることによって自らの偏見を問い直し，打破するような学習とはどのようなものかを模索したものだった。実際，鈴木も，1960年には，世界史の授業におけるイスラームの取り上げ方の歪みを検討している。

そこで本稿では，本書の諸実践を，鈴木の言うような意味での世界史教育実践の系譜に位置づけ，その意義を論じてみたい。そうすることで，イスラーム偏見に向き合う授業の今日的意義と課題が明確になると考えている。

2. 知識が偏見を強化する問題を，世界史教育はどう考えてきたか

まず，一般的に外国史の内容という程度にイメージされる世界史教育が，知識が偏見を強化するという問題について，どのように考えてきたのかを，あらためて論じてみたい。

第二次世界大戦後，高等学校には社会科が設置されるが，当初その選択科目は「人文地理」，「時事問題」，「東洋史」，「西洋史」であり（1947年版学習指導要領），「世界史」は（「日本史」も）この時点では設置されていなかった。「東洋史」も「西洋史」も，戦前以来の外国史教育の枠組みであり，それが生きていたのである。しかし1948年10月に，次年度から「東洋史」，「西洋史」を廃止して「国史」（のち「日本史」），「世界史」が設置されることが発表された。半年後，正式な教科書どころか学習指導要領も存在しない状態で，世界史教育はスター

トした。

この経緯から，現場が混乱したことは想像に難くない。そうした中では，「世界史」は，さしあたり「東洋史」と「西洋史」を合わせたものとして考えられただろう。しかし，「合わせる」とはどういうことか。2つの科目の枠組みを維持して，その時間比率だけを考えれば「合わせる」ことになるのか。そもそも，「東洋史」，「西洋史」は，「国史」とともに，日清戦争後に成立した，戦争と植民地支配を支える世界認識・歴史認識を（再）生産する教育・研究の枠組みではなかったか。1952年度より東京都立高校の世界史教師となった吉田悟郎は，このことを以下のように表現している。

> まず政治的な行動の主体としての日本帝国，その臣民を歴史的に自覚する。これが国史である。そういう日本帝国と臣民にとり，ある意味で模範となり，ある意味で非常に強い力や影響を及ぼしてくる強敵である先進諸国として西洋を意識する。これが西洋史となる。政治的主体としての日本帝国と臣民，それに働きかける西洋とこの両者を考えながら，日本帝国と臣民の行動半径がどこにあるかという問題としてとらえられたのが東洋であり，これが東洋史となる。すなわち，維新以来「脱亜入欧」そして「興亜対欧」により早激無類の近代化の道を歩む日本国民が，自国意識・自民族意識を共通に明確にもち，西洋の影響を受けながらまた西洋を強敵と自覚しつつ，東洋へ働きかけていく。こういう歴史意識の構造に対応するものが，国史・東洋史・西洋史というひとそろえの三学科体制であった。(3)

このような性格を持った「東洋史」と「西洋史」を，どのように「合わせ」れば，戦後日本の高校生が学ぶにふさわしいものとなるだろうか。吉田をはじめとする世界史教育関係者の中から，こうした課題に真剣に向き合う者が出てきた。鈴木亮も，そのような教師の一人であった。要は，「東洋史」，「西洋史」には飽き足らなかったが，さしあたりこれらを参考にしつつ「合わせる」=「くみたて方」を考えることから出発するしかなかったのである。

そこで問題になったのは，「くみたて」られた世界史から抜け落ちてしまう地域，うまく位置づけられない地域の歴史があることと，そのことによって引き起こされる認識の歪みであった。例えば，「アフリカの年」が来て，教科書はアフリカについても記述するようになった。しかしそれは，アフリカ分割のときに，とってつけたように紀元前までさかのぼって記述される，というやり方であった。このような学習では，結局，「劣った」・「遅れた」アフリカという「知り方」にしかならない。このような記述の仕方になるのは，「くみたて」られた世界史の骨格が，いわゆるヨーロッパ文明中心であるから，アフリカについて書こうとすると，ヨーロッパが主語となるアフリカ分割のところにしか書き込めない，と言うのである。だから，アフリカを知ることによってアフリカは「劣った」・「遅れた」地域であるという偏見が強化されるような学習の問題は，アフリカ（史）認識のみにあるのではなく，そのようなアフリカ（史）認識を支えるヨーロッパ（史）認識（＝ヨーロッパを「優れた」・「進んだ」地域として，その尺度で他地域を見る）にあるのであり，そのようなヨーロッパ（史）認識を支えるのは……というように，ある地域（史）認識の歪みは他の地域（史）認識の歪みによって玉突き状に引き起こされる問題ととらえたのである[(4)]。

「東洋史」，「西洋史」とは，このような歪みの結果でもあり，前提でもあった。なれば，歪んだままに「合わせる」世界史では，知識を得ても偏見を強化することにつながり，これからの世界に生きる高校生が学ぶにふさわしい学習にはならない。歪みを正すように「合わせる」ことが検討されなければならない。このような考え方に立ち，鈴木は，1960年発表の「ライトのあたらないところにも人類の歩みがある」[(5)]を皮切りに，アフリカ，ラテンアメリカ，朝鮮，沖縄，東南アジア等々を世界史教育に位置づけていった。

3. イスラーム偏見は世界史教育においてどう取り組まれてきたか

「ライトのあたらないところにも人類の歩みがある」では，イスラームについても論じている。鈴木は，イスラームは生徒にとって「突如としてあらわれる」ので，ムハンマド以前のアラビア半島には人がいなかったか，いても未開きわまりない人間しかいなかったかのように受けとめられてしまう，と言う。もちろん，実際には，ムハンマド以前のアラビア半島の繁栄があってイスラームも出てくる。それが理解されないのは，「オリエントの歴史のつづきであってよい」はずなのに，そうなっていないからではないか。そこで，アラビア半島だけを孤立して扱うのではなく，西アジア・東地中海全体の動きとして，東ローマ帝国やササン朝の動きとの関連で授業をくみたてたという。鈴木の方法は，ここでも，イスラーム偏見を，世界（史）を構成する諸地域（史）の構造の偏りによって生じる問題ととらえ，その取り上げ方の配列で克服しようというものである。

このような世界史把握・世界史教育の方法をさらに推し進めたのが，元東京都立高校教師の鳥山孟郎である(6)。鳥山は，古代エジプトのピラミッドはよく話題になっても，現代のエジプトが話題にのぼることがほとんどないことを例（ノーベル賞作家ナギーブ・マフフーズなど）に挙げながら，日本人の中東認識の歪みを問題にした。その歪みを正すために，鈴木と同様，オリエント・ヘレニズム文明の後継を西ヨーロッパではなく，中東地域として位置づける学習を主張した。そして，ムハンマド以降の中東を安易に「イスラーム世界」と呼ぶことは，多様な宗教が共存してきた中東の実態を誤解させ，キリスト教のヨーロッパとイスラームの中東との対立という単純な図式で現代の国際関係を把握させてしまう危険性があると，強く批判した。このような考えに立ち，十字軍について，ヨーロッパ史としてでも，キリスト教対イスラームの枠組みからでもなく，戦場となった中東地域の側から考える授業を開発した。ここでは，中東のキリスト教徒の立場（十字軍侵攻当時のシリアの人口の半数はキリスト教徒だったと考えられているが，多くはシリア教会やアルメニア教会などに属したため，十字軍にとっては異端であった）から十字軍をとらえさせることで，高校生や大学生が陥りがちなキリスト教対イスラームというステレオタイプに揺さぶりをかけている。

鳥山が，イスラーム偏見に対して採用している授業構成方法の特徴は，２点にまとめられるだろう。１点目は，鈴木と同様，イスラーム偏見をイスラームの取り上げ方だけの問題とせず，それを扱う地域枠組みの「くみたて方」の問題として考えていることである。例えば，鳥山は，世界史のなかで「イスラーム」と表記することにも反対する。それは，他の宗教には「教」がつくのにイスラームのみつけないのであれば，イスラームだけが特異な宗教という印象を生徒に与え，偏見を強化してしまうと考えるからである。２点目は，宗教や国家権力からではなく，地域に生きる人びとの立場から，歴史や社会を把握させようとする教材と問いの配置である。鳥山は，時には中東の街角で流れる音楽を聞かせたり，時にはモスクの絵をじっくりと見せ，初詣などでもなじみのある仏教寺院と比較させたりするなど，手触り感のある教材を用意している。こうして，生徒の生活感覚にイスラームを出会わせることで，自らの認識に潜む無意識のステレオタイプを問い直させようとしているのである。

以上は，イスラーム偏見に向き合う世界史教育実践の，ひとつの到達点と考えることができる。

4. 本書の諸実践は，イスラーム偏見にどう向き合ったのか

前節までの考察をふまえたとき，本書の諸実践は，どのように位置づけられるだろうか。

まず，全実践の教材や問いの配置が，生徒に生活感覚からイスラームをとらえさせようとする工夫であったことに，世界史把握の方法の到達点をふまえた実践であったことを指摘できるだろう。例えば，篠塚実践（中１地理，第４章）は，「なぜ，世界には昼間に営業しないマクドナルドがあるのだろうか」と発問している。ラマダーンを単にイスラームを構成する要素の知識として解説するのではなく，生活感覚に出会わせることが，生徒の認識を揺さぶり，学習の原動力となったのである。また，山本実践（高校世界史，第10章）が非常に高度な歴史認識の形成を求めていることは確かだが，実際の授業の導入においては，山本自身が撮った写真を多く用いて，生徒をイベリア半島に出会わせていた。単にイメージが豊かになるというだけではなく，教師自身のイベリア半島との出会いを示していることに意味がある。教師が生活感覚においてとらえている教材であるから，決して易しくはない中世イベリア半島の資料にも，生徒は向き合うことができたのであろう。

廣川が〈トピック〉で報告している生徒は，周囲の「イスラーム教って何か怖い，テロとかも多いし」という言葉に引っかかりを覚え，レポートを作成する中で，自分自身にもあった同様の偏見を相対化していった。他の生徒が，世界史の授業を受けた後も「イスラーム教って何か怖い」と言っていた中で，なぜ疑問を持つことができたのか。授業外を含む様々な要因があるのだろうが，少なくとも指摘できるのは，廣川は日常の授業の中で，アザーン時計などを用いて，教師自身のイスラームとのつきあいを繰り返し示しているということである(7)。生徒がイスラーム偏見を持っているということは，そのような社会の中で生きている教師もまた，イスラーム偏見から自由であるわけではない。本

書の諸実践の教材は，教科書に書かれている重要事項を興味が持てるように加工したというものではなく，教師自身が自らの偏見と向き合っているからこそ作成できた教材なのである。そうした教材と日常的に出会っているから，この生徒は，授業外の，周囲の何気ない「イスラーム教って何か怖い」という言葉に，我が事として反応しえたのではないだろうか。

ムスリムに実際に話を聞く授業も，上記のような教材論においてとらえられるだろう。

一方，生徒が生活感覚のレベルでイスラームについて考えることができる教材は，そのインパクトが強いだけに，教材がもつ魅力に過剰に引きずられてしまうというデメリットもありうる。篠塚実践（中 2 歴史，第 7 章）で，生徒はディズニー映画『アラジン』を題材に，イスラーム偏見を批判的に学んだと思われる一方，学習後に「砂漠の宗教」といった典型的なステレオタイプを選択する生徒が増えたことが報告されているのは，その一例としてとらえられるだろう。こうした問題をどう克服するか，世界史把握の方法をさらに発展させていく課題としても重要である。

山本実践は，この課題に応答していると位置づけることができよう。「対立」でも，その単純な裏返しである「共存･共生」でもなく，それが両立する「併存」という概念を設定し，中世イベリア半島における「対立」，「共存・共生」双方の事例を示す複数の史料を読み解かせ，「併存」の歴史を描かせることが，授業のメインの活動である。断片である史料から，その社会の全体状況について理解させる活動は，断片を生きる以外ない人間が自身の経験だけで世界を理解しないための慎重な思考力を養うだろう。そのような思考によってイスラームとヨーロッパとの「併存」を考えることは，現在の時事問題の理解の偏りを揺さぶることにつながっているのである。

ここで育成しようとする力は，学習内容としての知識ではなく，思考する際にはたらかせる技能にあたるものである。これらを生徒に身に付けさせるために，山本はあらかじめルーブリックを示している。ルーブリックは，評価基準であるとともに，史料をどのように読み，その情報をどう処理すればいいか，その筋書きでもある。これが補助となっているから，生徒は，高度な課題によく取り組めているのである。評価が高い生徒の文章からは，ある特定の資料のみに引きずられていないようすが分かる。

思考の技能をはたらかせる学習は，高校生だから可能だというわけではないことを，田﨑実践（中２歴史，第６章）は示している。田﨑の教材は，いずれも中世イスラーム文化の「豊か」で「多様」な特徴を示すものの，中学生が一見して読みとれる易しいものではなかった。しかし田﨑は，これらの史料を，修学旅行経験や，日本の歴史の既習事項と，比較したり関連づけたりするように生徒に発問し，読み解かせていった。この比較や関連づけという観点こそが思考の技能であり，こうしたはたらきかけがあって，生徒は当時の史料から，自らのイスラーム偏見を相対化していったのである。

山本実践や田﨑実践における思考の技能とは，次期学習指導要領でいう「社会的な見方・考え方」と重なるものであろう。つまり，「見方・考え方」の育成は，イスラーム偏見の克服にも有効である，という論点を，両実践は示しているのである。これは，「くみたて方」のような学習内容の配列や，教材の身近さや具体性や意外性を問題としてきた世界史教育実践の成果を，より学習者の認識や思考に即して発展させた方法と呼んでいいだろう。とりわけ山本実践は，これらを生徒を育成していく際のルーブリックの有効性まで証明しており，本書の重要な成果と言うことができる(8)。

5. おわりに

最後に，さらに議論を発展させるために，課題と考えられることも指摘しておく。

世界史教育実践のこれまでの成果とは，イスラーム偏見をイスラーム認識のみの問題とせず，諸地域が構成する世界認識の「くみたて方」の問題と把握する方法であった。一方，本書の諸実践は，あくまでイスラーム認識でイスラーム偏見の克服を試みたものなので，この点については必ずしも深められていない。例えば，篠塚は，『アラジン』実践の反省を，「より高度なメディアリテラシー教育」の必要性から考察しているが，現在の単元計画と配列でよかったのかの検討も重要ではないか。その際，鈴木亮や鳥山孟郎の試行錯誤が参考になるはずである。

また，本書の諸実践を中等教育におけるひとまとまりの研究としてとらえた場合，中学校ではどちらかというと「共感的理解」が重視され，高等学校において「見方・考え方」が重視される，という配列になっている。この配列自体を検討する必要性もあろう。実際，田﨑実践に見られるように，中学生でも「見方・考え方」を十分に発揮していた。山本のようなルーブリックを用いることで，その育成をより意識的に試みることも検討されてよい。

一方，山本実践における評価の高いエッセイが，どのくらい自身のイスラーム偏見と向き合った結果として書かれたかは，必ずしも明瞭ではない。「併存」の歴史的思考は，はたして現代世界の「併存」理解に寄与するのか，そのようなルーブリックは可能なのか，さらに追究したい課題である。

［注］

（1）鈴木亮（1984）『大きなうそと小さなうそ―日本人の世界史認識』ぽるぷ出版，pp.78-79。
（2）鈴木，前掲書，p.62。
（3）吉田悟郎（1990）「世界史のなかの「西洋史」」『自立と共生の世界史学』青木書店，p.71。
（4）鈴木亮（1987）『ちからを伸ばす世界史の授業』日本書籍，pp.127-135。
（5）『歴史地理教育』51号，1960年5月，歴史教育者協議会。以下に所収，鈴木亮（1977）『世界史学習の方法』岩崎書店，pp.43-48。
（6）以下，鳥山の実践に関しては，鳥山孟郎（2008）『授業が変わる世界史教育法』青木書店，pp.180-192。
（7）廣川みどり（2019）「『マカーマート』の挿絵から読み解くイスラーム―イスラームの社会と文化」千葉県高等学校教育研究会歴史部会編『新版 新しい世界史の授業―生徒とともに深める歴史学習』山川出版社，pp.40-47。
（8）栗山実践（高校地理，第9章）の事前アンケートでは，インドネシアはムスリムが8割以上を占める国との認識はあっても，「世界のムスリムのうち6割強は，次のどの地域に住んでいますか？」という問いには「西アジア・北アフリカ」と誤答することがありうる様が示されている。東南アジアについてのイスラーム認識と世界のイスラーム認識は，その地理的スケールが異なる。とすれば，地理的スケールを正しく使いこなすことで，誤答は避けられたかもしれない。そう考えると，この事例からも，「見方・考え方」の有効性が示されているととらえることが可能だろう。もっとも，ここでの誤答を「偏見」と呼べるかどうかという問題はあるが。

第13章

人々・地域をどう取り上げるか
――異文化理解の視点から――

荒井正剛

1. 異文化理解における語りの意義

1-1　中学地理の実践から

篠塚実践（第4章）の後半で，ムスリムの語りを収録したテレビ番組を見た後，大半の生徒がそれまで持っていたムスリムへのイメージを見直し，あるいは偏見に気づき，ムスリムを共感的に受け止めて，肯定的なイメージを持つようになった。ムスリムの話を聞く効果がたいへん大きかったことがわかる。生徒がそれを無批判に受け止めた点については気を付けなければならないが，生徒にとってインパクトが大きかった，つまり，それほど生徒たちは，自分のイメージが一面的であったことに気づかされたのである。

生徒たちは一見奇異に映るムスリムの生活について，否定的なイメージを持っていた。五行や飲食のタブーのような宗教的なきまりごとを教えただけでは，つまりムスリムの生活の特色を知っただけでは，その否定的なイメージをさらに強固にしてしまいかねない。それについて当のムスリムがどう思っているか，それをとらえないと表面的な知識となって，かえって異文化理解を妨げることになってしまいかねない。それを改めて実感させられる。

筆者は，東京学芸大学附属竹早中学校在勤時に篠塚実践と同様に，ムスリムの語りを資料として生徒に提示した。その時の生徒の反応は，篠塚実践の場合と同様である（表13-1）。授業終了後約4か月経った2学期初めに，生徒にムスリムの生活についてどう思うか自由に書いてもらった。2014年の実践で，途中，ISの国家樹立宣言とシリアでの日本人拘束といった事件があったが，

「信者には当たり前のこと」,「教えが理にかなっている」,「気候・風土に合っている」などと，過半数の生徒はムスリムの生活に寛容的な回答をした。「偏見がなくなった」という回答もあった。拒否的な文章を書いた生徒は約1/6にすぎなかった（図13-1）。このようにたった1時間の授業でも寛容的な態度が芽生えたのは，表13-1からもわかるように，ムスリムの考えを知ったためであり，ムスリムの話に耳を傾けるという異文化理解の基本をおさえることが重要であることがわかる。

表13-1　ムスリムの生活習慣についての生徒の回答例　（下線部：筆者）

- 「僕は，最初はイスラームの人たちにはたくさんの規則があり，大変だなと思っていました。しかし，その規則はメリットもあり，特にそれを守っている人たちが楽しんでいたり苦になっていない所がすごいなと思いました。」（A男）
- 「イスラーム教徒の人たちが皆，このようなルールを守っていることもすごいと思います。それは，イスラームのきまりが，日常生活において無理のないものだからこそ，実現しているのだろうな…と思いました。」（B子）
- 「イスラームのとりきめは厳しいものだと思うが，ただ単に厳しいだけという訳ではなくて，人間として正しくあるための決まりごとのような気がして，人のためのおきてなんだなと思った。また，人が正しい行いをしていれば，社会も正しい方向に回るという考え方は正しいと思う。」（C子）
- 「戒律は厳しいと聞くが，それを文句も言わず黙々とこなしているという事は信仰に宗教的，人間的に多くの意味があるからと思う。」（D男）
- 「断食は皆嫌々ながらやっていると思っていたけれど，好きでやっている人も多いことを知り意外だった。しかし，金持ちから貧しい人までみな空腹でいるのは一体感（?）が生まれてよいと思う。」（E子）

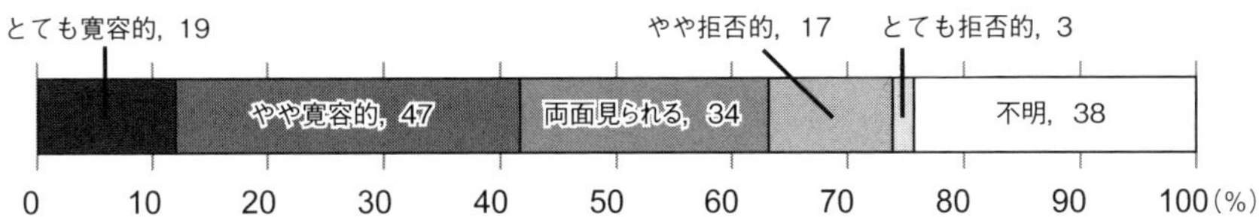

図13-1　ムスリムの生活習慣についての生徒の感想（授業実践4か月後）
（n=158，単位：人）

ヨーロッパ州の学習にムスリム難民問題を取り上げた上園実践では，テレビドキュメンタリー番組を使って，シリアからドイツに向かったムスリム難民の家族へのインタビューを随所で提示して（ドイツでの受け入れの様子を含む），家族の思いを伝えている。生徒たちが難民流入問題を，他人事としてではなく，難民の立場からも，また，受け入れ側のドイツ人の立場からも共感的に考えていることが注目される。

1-2　中学公民，高校公民の実践から

中学校3年生を対象にした田﨑実践では，複数のムスリム，しかも性別・年齢・出身国の異なるムスリムを招いている。そこでは，初めて話を聞いた時には，必ずしも印象を好転させた生徒ばかりではないことがわかる。そんな生徒たちも，その後，留学生の話を2度聞いて，印象を好転させている。

中学3年生ともなると，教師をはじめ大人の提示資料をそのまま受け取るものではない。ところが，ほとんどの生徒が，イメージを好転させた。一つには，最初の講演会は学年全体で行われたため，話者との距離感があったことが影響しているであろう。後の2回は，年齢的にも近いこともあるだろうが，複数のムスリムの話を聞くことで，話の内容が一部のムスリムのものではなく，多くのムスリムのものと受け止められ，自分たちのステレオタイプを自覚したためであると考えられる。特に女性の話は，イスラームは女性差別的という印象を揺さぶった。

高校2年生を対象にした山北実践では，イスラームについての幅広い知識を学んだ後に，「イスラーム検定」と名付けたイスラームと共生するうえで必要だと思う知識をまとめさせた後に，ムスリマ（女性のムスリム）との対話の場を設けた。ムスリマが寛容的な態度を示したりISを怖いと答えたりしたことで，教科書の知識から予測されることと異なっている返答に驚かされ，イメージを修正せざるを得なくなった。また，逆にムスリマから日本のことについて質問されている。今回は核心を突くような質問はなかったが，生徒が自分たちとは異なる文化的背景を持つ人々に対してステレオタイプを持っていることを自覚させる効果があるし，意義深い。

新学習指導要領でも対話的な学びが強調されている。対話では，回答に対してさらに質問することもでき，納得しやすい。滞日ムスリムが増えているので，近隣の国際交流団体に紹介してもらうなどして，ムスリムとの対話の機会を設けるとよい。取り上げる内容としては，高校生の振り返りにも示されているよ

うに，イスラームの多様性と，日常生活や信仰に対する思いが意義深い。特に後者は教科書ではなかなか表現しにくいので効果がある。

1名の語りだけでは，それに影響されやすいといった面もあるので，図書やテレビ番組等を使って複数のムスリムの語りや本書のエジプト人学生の語りなども併用するとよい。

1-3 筆者の大学での実践から

大学での講義において，エジプト人学生の語りを取り上げたところ，きまりに目的や意味を見出していること，寛容であること，過激派をイスラームではないと断じていることなどに驚き，偏見があったなどと，ムスリムの話を聞くことの重要性を実感したと口々に述べた。豚について盲目的であるとか信仰心が強いだけに危うい面もあるといった受け止めもある一方，お互いに当たり前と思っていることを受け止めようとする姿勢が多文化共生に重要であるといった回答も見られた。

さらに，大学に留学しているインドネシア人ムスリマとウズベキスタン人ムスリムに来てもらい，学生に自由に質問する機会を与えた。学生が一番驚いたのは，ウズベキスタン人男子留学生が，礼拝を1日5回していないし，お酒も少々だがたしなむという発言（豚肉は食べない）である。ムスリムは厳格な教えを忠実に守っている人々と思い込んでいるからである。ウズベキスタンなど中央アジアでは，長く続いた社会主義時代の影響もあってか，行動規範はゆるく受け止められているのである。学生に，それでも自分がムスリムだと思うのはなぜか聞かれて，彼は「アッラーを信仰する気持ちは変わらない。」と答えた。この答えに学生たちは妙に納得したようである。クリスチャンの学生は「戒律は強制されるものではなく，信仰を基に自ら進んで守るべきで，自分も同じ。」と答えている。

なお，インドネシア人留学生の話からは，イスラーム流入以前からの多神教的な民俗信仰も残っていることに学生は驚かされた。

地域による違いを意識して，異なる国の留学生に来てもらったが，同じ地域出身の留学生に来てもらうのもよいかもしれない。日本人と言っても様々であるように，ムスリムも人によって行動様式が異なることに気づかせ，短絡的にとらえてはいけないことを理解させる効果があるであろう。

2. 地域的多様性の重要性

地理の教科書でイスラームが取り上げられるのは，西アジアなどの乾燥地域である。しかし，ムスリムの多くはインドネシアをはじめとするモンスーンアジアに居住しているのである。滞日ムスリム・訪日ムスリムもまた然りである。

栗山実践は，様々な宗教を信仰する人々から成るマレーシアを取り上げた点で興味深い。半世紀以上前のこととはいえ，民族間抗争を経験した国であり，また，世界の三大宗教とヒンドゥー教を信仰している人々から成る国を取り上げることは，多文化共生について考える上でも意義がある。さらに，日本国内のムスリムについて取り上げたことで，生徒はムスリムの存在を身近にとらえ，ムスリムとの共生という課題を自分事としてとらえるようになった。当事者意識を持たせるためには身近なムスリムを取り上げるのが良いと言える。

地理は地域的多様性を重視している。したがって，ムスリムのそれについて，その比率が高い乾燥地域ばかりではなく，それ以外の地域やマイノリティとなっている地域を取り上げるべきである。

例えばムスリマの服装は，地域的多様性が顕著である。東南アジアではファッション化の傾向さえ見られる。ベール着用については，「きちんとした印象を与え，同時に若く，かわいらしく見える」[(1)]，「貧富の差も美醜も隠すのに都合がよい。逆に，それぞれ違う身なりをしている男性のほうが，女性から観察されているようだ」[(2)]といったムスリマの語りが注目される。

中央アジアのウズベキスタンやカザフスタンでは，都市でも農村でも，ほとんどの女性が西洋風の服装をしていて，半袖も少なくなく，ベールを着用していない（写真13-1）。しかし，礼拝の時には肌や髪は隠す。長いソ連時代の影響もあってか，礼拝を毎日５回する人は少なく，お酒を飲むムスリムも少なくない。しかし，同じウズベキスタンでも東部のフェルガナ地方には敬虔なムスリムが多く，一概には述べられない。

写真 13-1　ウズベキスタンの女性たち（2018年９月）ブハラ市で筆者撮影

地理学習では，地域的特殊性に注目する地理学の精神に従って，こうした地域的多様性に留意して，一面的にとらえることのないようにすべきである。

多文化共生について考えるのであれば，栗山のマレーシアについての実践のように多民族社会を取り上げるとよいだろう。例えばインド洋世界の十字路と言われるスリランカでは，古くから海を越えた交流がさかんで，多くの民族が交流し，ムスリムにも３つのグループが認められ，諸宗教を超えた山岳信仰もみられる(3)。近年は反ムスリムの風潮が起こり，また，中東に出稼ぎしたムスリムが帰国して「本来のムスリム」が流入し，対立も見られるが(4)。

3. 人々や地域の「描写」,「事例」の取り扱いにおいて留意すべきこと

授業で地域や時代を取り上げる際，典型的な事例を通して考察することが一般的である。それが「わかりやすさ」に通じやすいからである。しかし，その反面，それに沿わない事例は捨象されがちである。

イギリスの地理教育学者ロバーツは，テキストブックにおけるアフリカに関する記述を分析して，以下の問題点を挙げている(5)。

・わずかな特色に焦点化している
・アフリカの人々や場所がイギリスと違う点を強調している
・大災害・大惨事を強調している
・大陸内，各国内の多様性を無視している
・アフリカの人々や場所がイギリスと似ている点を無視している
・アフリカの場所や社会の肯定的な面を無視している

こうした例は「途上国」に限らない。イングランドの地理テキストブックで取り上げられたイタリアの南北格差について，どの教科書もイタリア南部の「遅れ」を指摘した記述に偏っていること，南北イタリアの違いは述べられているが，共通点には全く触れられていないことを指摘している。イングランドではワインやトマトの缶詰，柑橘類，パスタやオリーブオイルなどイタリア南部産の商品がたくさんあることからも，こうした認識に疑問を呈している。

彼女は，ステレオタイプ的な取り扱いの特徴として，複雑性が無視され否定されていると指摘しているほか，地理の授業で学習したことは世界そのものではなく，その描写であることに生徒に気づかせ，情報の出典を批判的に見るこ

とが求められると論じている。

典型的な事例の学習はわかりやすい。また，生徒のイメージに沿っているので，何の疑問もなく受け入れられやすい。しかし，教師は，その怖さに気づいていなければならない。

4. ムスリム理解のためのヒント

4-1 偏見の除去のために

イスラームは人間が各種の欲に惑わされやすい生き物であるという人間性弱説に立っており，無理を強いていない。数々の例外規定を設けているほか，やむを得ない場合や失念した場合はもちろん，逸脱行為をした場合さえも，それを善行によって埋め合わせればよいとしている。

「戒律」という語から連想される堅いイメージとは違っている。エジプト人学生の回答でも示されているように，イスラームは寛容さを強調している宗教であることに気づかせることが第一と言える。

ラマダーンは一見辛そうに見えるが，ムスリムはむしろ心待ちにしている。晩御飯は家族そろってのごちそうで，盛大に飲み食いして，かえって体重が増えることもある。そもそもラマダーンを断食に矮小化すべきではない。本来の意味である「斎戒」ととらえ，日中はあらゆる欲望を断ち，天国に行くため，善行を積むよう努めていることに注目すべきである。

女性差別観についても，例えば国会に占める女性議員の比率や企業における管理職の女性の割合を示すとよい。前者（二院制の国については下院）について，2019年9月現在，日本では10.11％と192か国中164位であるが，セネガル41.82％（15位），チュニジア35.94％（31位），アフガニスタンやカザフスタン27％台，西アジア・北アフリカ平均17.7％と日本よりも高率である(6)。

西洋的な考え方や情報だけでイスラームをとらえないことが必要である。特に女性観や国家観についてはかなりのずれがある。ムスリムにとっては同じムスリムであることが第一で，国籍とか民族といった問題は二の次である。

また，ムスリムは団結心が強く，非ムスリムを排除したり宗教的な対立が起きたりするのではないかという疑念が見られるが，既述のエジプト人学生の回答でもしばしば引用されているように，クルアーンが「あなたたちにはあなたたちの宗教，私には私の宗教がある」と言って信教の自由を認めていることに触れるべきである。実際，その歴史を見れば，他の宗教を信仰している人々に寛容的であり，中東において，ムスリム，キリスト教徒，ユダヤ教徒の共生が歴史的には長い。東南アジアでも，インドネシアやマレーシアのようなムスリムが多数を占める国においても，イスラームを国教にせず，イスラーム，キリスト教，仏教，ヒンドゥー教の主要な祭日を祝日としている。

そもそも宗教的行為・習慣等については，イスラームに限らず，子どものころから当たり前の代々伝わってきたこととして受け止められていることに留意すべきである。1日に5回も神に向き合っていれば，悪事は働きにくいと思える。ヒンドゥー教が牛を神聖視するのも，牛が農業に欠かせず，また，牛乳など生活を支える様々な恵みを提供してくれることを踏まえたものと言えるのではないだろうか。宗教や禁忌には一見不合理に映るものもあるが，その地域の特色や歴史的背景に目を向ければ，その地域・時代の人々の知恵を見出せる。

4-2 イスラーム復興運動と相互扶助の精神

ヨーロッパでのテロ事件の背景には貧富の差がある。イスラームは当初から貧富の差を問題にし，多くの人々の支持を得てきた。イスラーム復興運動が広まっている背景には，イスラーム世界が経済のグローバル化に巻き込まれ，伝統的な道徳観が失われたことに対する危機感が高まったことに加えて，貧富の差や地域格差が大きくなって，イスラームの人間平等観や相互扶助・弱者救済の精神が見直されていることがある。西洋から始まったグローバル経済が人々を幸せにしたかという疑問が起きたのである。イスラーム復興運動に言及するならば，そうした背景を説明するべきである。

その際，五行の一つである喜捨に触れたい。喜捨には「生産することより，配分の方を重視して考える」(7)姿勢を見出せる。「「ムスタダアフ」（弱い状態におかれているもの，権利を剝奪されているもの）とよばれている人に対しては，無条件に手を差しのべることが，イスラーム的義務であるとされる」(8)。しかも，「助ける側は支援を惜しまない。助けを受ける側も何の負い目もない」(9)。日本では生活保護受給資格があっても，それを受けることに躊躇する人も少なくなく，対照的である。喜捨はセイフティネットの働きをしているのである。

1980年代以降，イスラーム復興運動が世界的に高まる前までは，例えばマレーシアでもスカーフの着用は少なく，80年代まではハラール認証も少なかったという。それがイギリスなどに留学したエリート学生がそこで見た非ムスリムの生き方を見るなどして，よりイスラーム的な生き方を意識するようになって，イスラーム回帰が見られるようになったという[(10)]。

なお，イスラーム過激派との違いを明確にするため，自爆攻撃などの自殺行為は神の意思に反する行為で，最後の審判で地獄行きになることを示すとよい。

4-3　ムスリムとの共生

現在，国内に10万人を優に超すムスリムが暮らしている。1980年代にパキスタンやバングラデシュなどから来日したムスリムが，今や40代になり，社会的にも経済的にも安定し，日本に定着している[(11)]。日本を祖国のように思っているムスリムもいて，地域との交流や慈善活動にも熱心である[(12)]。イスラームは，「集団や社会における一人の良識ある人間としてのあり方や，良好な人間関係の構築，そして秩序ある社会生活や道徳観についても示して」おり，イスラームの道徳観と日本のそれとは非常に似通っていて，滞日ムスリムは日本に好意的な感情を抱いている[(13)]。あとは私たちの受け止め次第である。

ムスリムをぜひ学校に招いて，日本での生活の苦労などに気付かせるようにしたい。そうすれば共感的に接しやすくなり，また，共生についての意識も高まることが期待されるし，日本社会を広い視野から見直す機会にもなる。

5.　地理授業においてイスラームやムスリムをどう取り上げるか

最後に，筆者が専門とする地理教育について触れておきたい。世界各地の人々の生活を取り上げてきた地理の授業において，イスラームに関する教科書記述を見ると，世界史と比べても問題が多いと言わざるを得ない。異文化理解に資する地理教育にしなければならない。

5-1　ムスリムの日常生活の教材化

1日5回の礼拝，毎年1か月の断食，お酒や豚肉は禁止と聞けば，ずいぶんうるさく面倒な宗教だなと受け止められるのは無理もない。大学の授業で，マレーシアの留学生に来てもらった時，ラマダーンは楽しいという発言が出て，学生はびっくりした。それも当然である。

大学生にムスリムについて知りたいことを尋ねたところ，一般のムスリムがどんな生活をしているのか，信仰をどう受け止めているのか，どれだけ守っているか，抜けたいと思わないのか，過激派の行動をどう思っているかといったことが多く挙がっている。ムスリムの話や考えを聞きたい・知りたいのである。これは異文化理解の第一歩として重要である。人々の生活や考え方に対する関心は，中学生でも同様に高い。授業ではその当然の疑問に応える必要がある。

ムスリムの生活は，それが起きた中東の自然環境との関係を考えれば，合理的と言えよう。たとえばベールの着用は，乾燥帯の夏の強い日差しや砂ぼこりから身を守るために当然である。雑菌の多い豚肉は十分に火を通す必要があるが，植生の乏しい地域では限界があった。同様に，パンを焼くときも，小麦粉を薄く引き伸ばして，火を通りやすくした。環境決定論に陥ってはいけないが。

5-2 地方的特殊性と一般的共通性

地理学習では地域的特色が強調されるきらいがあるが，地方的特殊性とともに一般的共通性も考察することが求められてきた。同じ人間としての共通性にも気づかせることが大切である。イギリスでは，ウォリック大学の研究所が制作した宗教科のテキストブックが国内に住む同年代のムスリムの子どもの日常生活や趣味と，人生やイスラームについての考えなどを詳しく紹介しており，高い評価を得ているという[(14)]。異なる価値観にせまる一方で，同じ人間として，自分たちと共通点が多いことに気付き，親近感を抱かせやすい。

5-3 ムスリムの分布

中学校でも高等学校でも，各地域で多数を占める宗教を表す地図が掲載されているが，それに加えて，人口に比例した球の大きさで表した分布図[(15)]を示せば，インドやインドネシアをはじめとする東南アジアにたいへん多くのムスリムがいることがわかる。比率で表す場合と実数で表す場合とでは地図から受ける印象が変わることは地図表現の基本的事項である。

高等学校では，その分布の歴史的背景として，インド洋や内陸乾燥地域などを舞台に，ムスリム商人が活動してきた歴史的背景を踏まえて，イスラーム世界の拡大とその地域的多様性をとらえさせるとよいであろう。

[注]

（1）塩谷もも（2012）「ジャワにおけるヴェール着用者の増加とその背景」床呂郁哉，西井凉子，福島康博編（2012）『東南アジアのイスラーム』東京外国語大学出版会，p.295。
（2）白須英子（2003）『イスラーム世界の女性たち』文春新書，p.127。
（3）山田協太（2018）「インド洋世界の十字路―コロンボムスリムの多様性」笹川平和財団編『アジアに生きるイスラーム』イースト・プレス，pp.263-281。
（4）中村沙絵（2018）「「多民族」状況を生きるスリランカのムスリムたち」前掲（3），pp.283-303。
（5）Roberts, M. (2013): Representation and misrepresentation. *Geography Through Enquiry*, Geographical Association. pp.60-69。
（6）Women in national parliaments. IPU（Inter-Parliamentary Union）による。http://www.ipu.org/wmn-e/world.htm（2019年10月1日最終閲覧）。
（7）片倉もとこ（2004）「日本社会とイスラームをめぐって」片倉もとこ，梅村坦，清水芳見編『イスラーム世界』岩波書店，p.12。
（8）片倉もとこ（1991）『イスラームの日常世界』岩波新書，p.33。
（9）内藤正典（2011）『イスラム―癒しの知恵』集英社新書，p.135。
（10）久志本裕子（2018）「世界とのつながり方にみるマレーシア・ムスリムの多様性―2つの街における地域性とイスラーム知識へのアクセス」前掲（3），pp.85-108。
（11）店田廣文（2015）『日本のモスク―滞日ムスリムの社会的活動』山川出版社。
（12）荒井正剛（2016）「となりのムスリム―ムスリム観光客と滞日ムスリムの増加」『地理』61(4)，古今書院，pp.100-105。
（13）小村明子（2015）『日本とイスラームが出会うとき―その歴史と可能性』現代書館。
（14）藤原聖子（2011）『世界の教科書で読む〈宗教〉』ちくまプリマー新書。
（15）たとえばジョン・L・エスポジト，山内昌之（監訳），井上廣美（訳）（2009）『イスラーム世界の基礎知識―今知りたい94章』原書房の口絵の地図がよい。

参考文献

荒井正剛（2019）『地理授業づくり入門』古今書院。
荒井正剛（2016）「地理学習におけるイスラーム世界の学習のあり方―ムスリムの生活理解を中心に」『新地理』64-2，日本地理教育学会，pp.43-54。

コラム5

ムスリム留学生の語りから

以下は2016年，東京学芸大学の留学生の語りの一部で，Aさんはイラン人女性，Bさんはインドネシア人女性，Cさんはウズベキスタン人男性である。

1）ラマダーンについて

・ラマダーンを行うことで，神様に近付いた気持ちになれて嬉しい。つらいのではないかと言われることも多いが，心から楽しみだと思える。［Aさん］
・ラマダーンの時期は，ヒジャーブなどのファッションアイテムを買うときにポイントが2～3倍になるから嬉しい。［Bさん］
・初めはつらかったが，徐々に慣れていった。貧乏な人に寄り添うだけではなく，悪いことをしないように防ぐ役割もあるのではないか。［Cさん］
・女性は9歳，男性は15歳からラマダーンを開始する。脳の成長の違いが関係している。また，女性は生理が来たら開始する。［Aさん］
・ラマダーンには例外事項があって，病人や妊婦さんなども例外であるが，きちんとした理由があれば例外とすることの方が大切。［Cさん］
・例外に当てはまった人は，ラマダーンを違う時期に実施するとかお金や物を寄付することで代替することができる。［Aさん］

2）お祈りについて

・1回のお祈りは約10分。自分はシーア派だから日本時間の2時と12時と19時くらいに行う。自分の悪いことを許してもられるように祈ったり，神様に任せて素晴らしい人生になるように祈ったりしている。［Aさん］
・スンニー派の自分は朝と昼と夕方前後と夜の5回のお祈りがある。朝は起きられないことがあるけれど，5回のお祈りは今となってはきついとは感じない。［Cさん］
・お願いごとがたくさんあると，長く祈る必要がある。祈っている間，神様は自分にとって彼氏のような（愛情が深まる）相手になる。神様に長い時間相談したり，悲しいことについて話したりする。［Bさん］

・人間は神様に作ってもらったものだから，人間のやるべきことについて祈っている。勉強で得た知識を積み重ねてキャリアを作っていくことと同様に，宗教で得た知識は将来や次の人生につながってくる。比較できるものではないけれど，そういうことを考えている。［Cさん］

3) 結婚について

・イランはイスラームが溶け込んでいるので，結婚相手はお見合いを通じて見つける。しかし，最近では結婚する人どうしが知り合った後に家族が知り合うこともある。［Aさん］
・ウズベキスタンではお見合いも流行ったが，今では恋愛結婚できる。預言者（ムハンマド）は，好きな人がいるにもかかわらず親の決めた相手と結婚させられそうになっていた人に対して，好きな人と結婚するように言った。だから，結婚相手は本人が責任を持って決めること。［Cさん］

4) 食事について

・原則的にはルールに従っているが，中にはお酒や豚肉を食べる人もいる。特にイスラームの国以外に行ったときに，そちらの文化に合わせている場合がある。どれくらい守るかは人による。［Cさん］
・食べる動物を切るときの方法が決まっている。決まった切り方をしているのがハラールということ。それは動物がなるべく楽に死ねるようにするため。［Bさん］
・日本に来て1か月は食事に困ったが，ハラール食品が買える場所を調べたので，今は大丈夫。［Aさん］
・初めは野菜中心の生活にして過ごした。慣れてからはハラール食品を買ったり，焼き肉やファストフードで牛丼を食べたりすることもある。［Cさん］
・日本に来て1か月は困ったけれど，先輩に聞いて業務用スーパーにハラール食品があることがわかったので今はそこで買っている。［Bさん］

5) ヒジャーブについて

・よく髪の毛をヒジャーブで覆っているので，手入れをあまりしないのではということを言われるが，クルアーンには清潔に保つことも書かれているので，美容室にも行くし，丁寧に手入れをしている。［Aさん］

・お母さんが巻いているので特に違和感はない。男性の中にはいろいろな人がいて，変なことを考える人も多いから，そういう人から守る意味でもヒジャーブを巻いている。あと，宗派によってどこまで隠すかなどは異なる。[Bさん]
・女性だけではなく，男性も見せてはいけない部分がある。例えば，半ズボンなどはよくない。[Cさん]

6) 学校について

・イランは小学校から高校まで男女別学。大学では男女が一緒に学ぶ。宗教の科目があり，小学校ではクルアーンの意味を学び，中学校からはアラビア語も学んでクルアーンを読んでいく。イランの文部科学省のような機関では，アラビア語で読めると「クルアーンを理解した」と認めている。[Aさん]
・ウズベキスタンはイスラームの国ではないので，イスラームの授業はない。宗教の科目では様々な宗教を満遍なく学ぶ。しかし，世界史などを通してイスラームを詳しく学んでいるし，よりイスラームについて勉強したければ神学校に進学することになっている。男女は一緒に学んでいる。[Cさん]
・国立も私立も男女共学で勉強している。宗教の科目では様々な宗教の学習をする。イスラームについて学びたければ，男女それぞれの専門の学校があるので，そこに進学する。[Bさん]

コラム 6

教材研究に役立つ書籍

1. イスラーム理解のための基本的な書籍

●井筒俊彦（1991）『イスラーム文化─その根底にあるもの』岩波文庫

イスラーム研究の世界的権威が，クルアーン，法学，神学，神秘主義などに関する深い学識に基づいてイスラームを構造化する。内容は高度だが記述は平明で，他に類を見ない名著。（小林春夫）

●片倉もとこ（1991）『イスラームの日常世界』岩波新書

人類学者としてイスラーム世界に身をおいてきた著者が，生活規範としてのイスラームの姿をわかりやすく伝える。ムスリム女性の生き方についての女性研究者ならではの観察も貴重。（小林春夫）

●小杉泰（1994）『イスラームとは何か─その宗教・社会・文化』講談社現代新書

イスラームの成立事情，教義，ハディース，ウラマー，スンナ派とシーア派などの基本事項がわかりやすく整理されている。イスラーム世界史や現代的なトピックを扱った章もある。（山本）

●小杉泰（2016）『イスラームを読む─クルアーンと生きるムスリムたち』大修館書店

イスラームに関係する37のキーワードについて，短く6ページずつ記述されている。内容は「ラマダーン月」をはじめ「ムハンマド」「巡礼」などから，クルアーンの一説までと幅広い。ムスリムの友人や実体験に基づいた内容で，新しい知見を与えてくれる。（佐々木）

●後藤絵美著，長沢栄治監修（2017）『イスラームってなに？』かもがわ出版

小学生を対象として書かれているが，現代に生きるムスリムたちの姿や考え方を等身大の存在として紹介している。（小林春夫）

2. イスラームの多様性を知るための書籍

●内藤正典（2004）『ヨーロッパとイスラーム─共生は可能か』岩波新書

ヨーロッパに暮らすムスリムの現状と確執とを，ヨーロッパ諸国の歴史や社会背景に基づいて具体的に紹介している。（小林春夫）

●**大類久恵（2006）『アメリカの中のイスラーム』（寺子屋新書）子どもの未来社**
イスラームとの対立の側面ばかりが強調されるアメリカだが，国内には多数のムスリムが生活している。アメリカイスラーム社会の現状と多様性を具体的な資料に基づいて描き出す。（小林春夫）

●**中国ムスリム研究会編（2012）『中国のムスリムを知るための60章』明石書店**
日本の隣国である中国にもイスラームの長い伝統がある。これまでほとんど知られることのなかった中国イスラームの実態と多様性を様々な角度から描き，中国理解の見直しを迫る。（小林春夫）

●**笹川平和財団編（2018）『アジアに生きるイスラーム』イースト・プレス**
東南アジアと南アジアの８か国・12都市・地域のムスリムについて，その多様な姿や他の宗教との共生などを描いている。（荒井）

●**藤本高之・金子遊編（2018）『映画で旅するイスラーム―知られざる世界へ』論創社**
イスラーム映画祭で紹介された30カ国以上で製作された多種多様な映画を紹介する本。古今東西，老若男女，寒暖，高低，様々な時代や環境・社会のなかに生きるムスリムの人々と出会う旅へと読者を誘う一冊である。（小林理修）

3．日本との関わりに関する書籍

●**杉田英明（1995）『日本人の中東発見―逆遠近法のなかの比較文化史』東京大学出版会**
日本と中東・イスラーム世界との関わりを文化史の視点から紐解く。ほとんど知られていないエピソードが満載。日本史との接点からイスラーム世界について考えるための良書。（小林春夫）

●**森まゆみ（2018）『お隣りのイスラーム―日本に暮らすムスリムに会いに行く』紀伊國屋書店**
日本に暮らす，出身国，年齢，性別，職業が多様なムスリム13人へのインタビュー記録で，日本での生活など，異国の地で頑張って暮らしてきたようすを描いている。（荒井）

●**店田廣文（2015）『日本のモスク―滞日ムスリムの社会的活動』（イスラームを知る14）山川出版社**
日本に住むムスリムのコミュニティの中心としてのモスクを通して，ムスリム・コミュニティの課題や日本社会との関わりについて述べている。（荒井）

4. 異文化理解・多文化共生に関する書籍

●ユペチカ（西森マリー監修）（2017）『サトコとナダ 1』星海社

日本人女子大生がUSAでサウジアラビアから来た女子大生とルームシェアするという設定で，二人の異文化交流を描いた四コマ漫画集。漫画故に描ける内容もあり，教材として使える。（荒井）

●藤原聖子（2011）『世界の教科書でよむ〈宗教〉』ちくまプリマー新書

欧米，アジア9カ国（トルコ，インドネシアを含む）の宗教についての教科書記述を紹介している。たとえばイギリスでは，国内のムスリムの子どもの生活を通して，異文化理解を図っている。（荒井）

5. イスラームの歴史に関する書籍

●カレン・アームストロング（小林朋則訳）（2017）『イスラームの歴史―1400年の軌跡』中央公論新社（中公新書）

全5章が通史の構成になっており，いわゆるイスラーム3帝国までで第1～4章が費やされている。近現代は第5章のみと記述量は少ないが，全体を通してイスラームに関する誤解や一面的な見方が修正されることになる。巻末の用語解説と人物紹介も充実している。（山本）

●羽田正（2005）『イスラーム世界の創造』東京大学出版会

イスラーム世界という概念で世界を見ることが，いつ，どのように成立したか，そしてそれは偏見ではないのか，という問題提起の書。（日高）

●家島彦一（2003）『イブン・バットゥータの世界大旅行―14世紀イスラームの時空を生きる』平凡社（平凡社新書）

現在のモロッコ出身で『三大陸周遊記』の著者イブン・バットゥータは，マルコ・ポーロと並んでイスラームネットワークを示す史料としてよく取り上げられる。このような大旅行を可能にしたイスラーム世界のシステムについて，都市の機能，社会のあり方，言語，法制度など，多角的に論じている。（山本）

※このほか，「宗教の世界史」（山川出版社）シリーズの第11巻と第12巻は「イスラームの歴史を取り上げている。また，アフガニスタン出身で，アメリカの世界史教科書も執筆しているタミム・アンサーリー（小沢千重子訳）（2011）『イスラームから見た「世界史」』紀伊國屋書店は，イスラーム以前から冷戦終結後までのイスラーム世界史を描いている。（山本）

おわりに

人間は異文化に対して憧れを持つこともあるし，不可解だとして拒絶することもある。同一の文化についても人によって見方は異なる。その違いはどこから来るのか。個人の経験やマス・メディアに由来するイメージは否定できない。同じ「途上国」に対しても，太平洋島嶼国家に対するイメージは否定的ではない。とすれば，創られたイメージ，ステレオタイプにダウトをかける必要がある。本書はそうしたステレオタイプから脱却し，多文化共生を目指すためのささやかな試みである。

異文化理解や多文化共生のためには，まず違いを認める態度を育成することが重要である。そして，その違いは地理的・歴史的背景から生まれてきたことを理解させることが，社会科・地理歴史科の使命であろう。その際，第Ⅲ部第12章で述べているように，知識を得ることによって，自らの偏見を問い直し，それを打破するような学習や，相手の価値観を共感的にとらえた理解が求められる。また，同じ人間としての共通点をとらえることも大切であろう。

多文化共生のためには，多様性の持つ魅力に気付かせることが大切であろう。なかには理屈や「常識」では通じないことに出会うこともあろうが，違いがあるからこそ，自分たちとは異なる見方・考え方に気付き，自分たちの生活や社会を見直すことができるのである。異文化を理解しなければいけないと肩ひじ張るのではなく，異文化から学ぼうとする姿勢の育成が大切と言える。

異文化のなかでも，イスラームやムスリムについては，これまで日本人にはなじみが薄く，授業実践が進んでいるとは言えない。しかし，見方によっては，欧米における根強いイスラームフォビア（イスラーム恐怖症・嫌い）が見られるわけでもなく，教育の力でステレオタイプを除去することは十分可能と言える。今日では，国内に居住するムスリム，留学しているムスリムも増えている。各地にマスジド（モスク）設立の動きが高まり，近隣住民から反対の動きが起きたところも少なくない。しかし，両者の対話によって設立に至ったところが多く，イスラームへの偏見を克服することが大切であることを示唆している。また一口に「ムスリム」と言っても，その実像は多様である。それは「ムスリム」に限ったことではない。「日本人」も同じである。どこか遠くの世界として学習するのではなく，「となりのムスリム」としてとらえた学習が求められる。

本書で取り上げた授業はそれぞれ試行錯誤しながらの実践であったが，いずれも一定の成果を挙げることができた。それはイスラーム思想の研究者と社会科教育学者，附属学校教員の三者の知恵の結集と言える。専門研究者，教科教育学者，学校教員による共同実践研究に基づく教育書は稀であり，本書はその点でも一石を投じることができたのではないかと考えている。

エジプト人学生ムスリム・ムスリマの意識調査結果は，教材としての価値が高いと思われるが，残念ながら，アラビア語を翻訳し，その整理が終わったのが授業実践直前であったため，それを使った授業は実現しなかった。他に課題は多く残っているが，まずは私たちの研究成果を広く公表し，イスラーム／ムスリムをはじめとする異文化理解や多文化共生の学習指導に資するところがあればと願って出版に踏み切った。読者の皆様からの忌憚ないご意見を期待する次第である。

本書が基にした東京学芸大学特別開発研究プロジェクトは，2015年度から2期4年間にわたって行われた。本プロジェクトを支援していただいた東京学芸大学に謝意を表したい。なお，本書では基本的に第2期に実施した授業を掲載したが，第1期では秋山寿彦氏（附属世田谷中学校）と中村文宣氏（附属国際中等教育学校）にも授業実践を含めてメンバーとして研究に協力していただいた。

末筆ながら，出版事情がたいへん厳しい中，出版助成を一切受けていない私たちに，本書の社会的意義をご理解頂き，出版をご快諾くださった明石書店の大江道雅社長，テレワークを強いられる中，私たちの細かい要望に迅速に対応くださり，また美しいデザインを施していただいた第二編集部の森富士夫さんに心より感謝申し上げる。

執筆者紹介（五十音順　＊編著者　担当パート）

＊**荒井正剛**（あらい・まさたか）……………………………第１章，第３章，第13章，コラム５，６
東京学芸大学

上園悦史（うえぞの・よしひと）………………………………………………………第５章
東京学芸大学附属竹早中学校

栗山絵理（くりやま・えり）……………………………………第９章，第11章，コラム３
東京学芸大学附属高等学校

小太刀知佐（こだち・ちさ）……………………………………………………………第11章
東京学芸大学附属高等学校

＊**小林春夫**（こばやし・はるお）……………………………………………第２章，コラム６
東京学芸大学

小林理修（こばやし・みちなお）……………………………………第11章，コラム４，６
東京学芸大学附属高等学校

佐々木智章（ささき・ともあき）……………………………………………………コラム１，６
早稲田大学高等学院

篠塚昭司（しのづか・しょうじ）……………………………………………第４章，第７章
東京学芸大学附属世田谷中学校

田﨑義久（たざき・よしひさ）………………………………………………第６章，第８章
東京学芸大学附属小金井中学校

椿真智子（つばき・まちこ）…………………………………………………………コラム２
東京学芸大学

日高智彦（ひだか・ともひこ）…………………………………第３章，第12章，コラム６
東京学芸大学

廣川みどり（ひろかわ・みどり）…………………………………………………………トピック
千葉県立袖ヶ浦高等学校

山北俊太朗（やまきた・しゅんたろう）……………………………………………第11章
東京学芸大学附属高等学校

山本勝治（やまもと・かつじ）……………………………………………第10章，コラム６
東京学芸大学附属国際中等教育学校

編著者紹介

荒井正剛（あらい・まさたか）

東京学芸大学特任教授。専門は地理教育，社会科教育。

東京都公立中学校に6年，東京学芸大学の附属中学校で31年勤務後，東京学芸大学教授。

主著：『地理授業づくり入門―中学校社会科での実践を基に』（単著，古今書院，2019年），『景観写真で読み解く地理』（共編著，古今書院，2018年）

中学校社会科教科書編集委員（東京書籍），日本地理教育学会副会長，日本社会科教育学会ダイバーシティ委員会委員長などを歴任。

小林春夫（こばやし・はるお）

東京学芸大学教授。専門はイスラーム思想史。

教育学部人文科学講座哲学・倫理学分野，教育支援系多文化共生教育教室に所属。

主な業績：イブン・スィーナー著『治癒』形而上学訳註（共訳著，『イスラーム地域研究ジャーナル』Vols. 2, 3, 5, 7, 8, 2010-2016），「イブン・スィーナーの思想世界―知的自伝を読む」（堀川徹編『知の継承と展開―イスラームの東と西』知のユーラシア２，明治書院，2014年）

日本学術振興会カイロ研究連絡センター長，日本オリエント学会常務理事を歴任。

イスラーム／ムスリムをどう教えるか

──ステレオタイプからの脱却を目指す異文化理解

2020年8月15日　初版第1刷発行

編著者　荒井正剛
　　　　小林春夫
発行者　大江道雅
発行所　株式会社 明石書店
〒101-0021　東京都千代田区外神田6-9-5
電　話　03（5818）1171
ＦＡＸ　03（5818）1174
振　替　00100-7-24505
http://www.akashi.co.jp

装丁　明石書店デザイン室
印刷・製本　モリモト印刷株式会社

（定価はカバーに表示してあります）　ISBN978-4-7503-5045-5